木　紫◎编著

中国妇女出版社

图书在版编目（CIP）数据

青春期女孩手册 / 木紫编著. -- 北京：中国妇女出版社，2017.2（2023.9重印）

ISBN 978-7-5127-1393-2

Ⅰ.①青…　Ⅱ.①木…　Ⅲ.①女性—青春期—健康教育　Ⅳ.①G479

中国版本图书馆CIP数据核字（2016）第308728号

青春期女孩手册

作　　者：木　紫　编著
责任编辑：陈　元
封面设计：徐　欣
责任印制：李志国
出版发行：中国妇女出版社
地　　址：北京市东城区史家胡同甲24号　　邮政编码：100010
电　　话：（010）65133160（发行部）　　65133161（邮购）
网　　址：www.womenbooks.cn
法律顾问：北京天达共和律师事务所
经　　销：各地新华书店
印　　刷：艺通印刷（天津）有限公司
开　　本：170×240　1/16
印　　张：14.5
字　　数：146千字
版　　次：2017年2月第1版
印　　次：2023年9月第7次
书　　号：ISBN 978-7-5127-1393-2
定　　价：39.80元

青春期是人生一个重要时期，女孩进入青春期后，身体迅速发育，生理急剧变化，女孩需要及时了解自己的身体，掌握基本的生理知识，养成良好的生活习惯，让自己健康地成长。这个阶段，心理成长的脚步跟不上生理发展的节奏，身心常常处于不平衡状态，压力很大，容易发生心理问题，女孩要学会调整自己的心态，让自己快乐地成长。

女孩心中的困惑很多，有生理方面的，也有心理方面的：

我性早熟了吗？

我的乳房怎么疼起来了？

如何才能买到合适的内衣？

白带是什么？

每月生理期，肚子都有点儿不舒服，怎么办？

我的记忆力不好，应该补点儿什么啊？

在学校，我总是不由自主地关注“校草”正常吗?

我有时会偷偷哭泣，是不是太多愁善感了?

不想写作业，总想上网怎么办?

我总是热衷于自拍、发朋友圈，是不是心理有问题?

今天那句话，是不是伤害了同桌?

同学欺负我，我要不要反击?

……

女孩渴望更专业的知识来解答内心的困惑，我们精心为她们准备了一份贴心、实用的青春礼物——《青春期女孩手册》。这是一本写给即将步入青春期和已经步入青春期的女孩的诚意之作。文笔简洁、生动，针对性强，女孩的所有生理困惑都会在这里找到答案；关于青春期心理现象的详细剖析给了女孩克服内心躁动与不安的力量。女孩了解了青春期，便不会再感到迷茫和困惑，能够一身轻松、满怀信心地顺利度过青春期，迎接自己美好的未来！

特别感谢王玉新、张志强、郗玉森、李祥仁、王玉芝、李松敏、魏庆丽、李进科、郗华民、张钊、王锁娣在资料收集、文字整理等方面的大力支持。

木 紫

2016年10月

PART 01 青春期，生命发展的转变期

PART 02 青春性器官：熟悉你的第一性征

PART 03 青春范儿：熟悉你的第二性征

PART 04

女生的秘密：月经来了

PART 05 性，了解才知珍重

PART 06 养成良好生活习惯，做好卫生保健

PART 08 告别成长痛，在阳光下自信前行

PART 09 青春期危险事儿，离你并不远

PART 01

青春期，生命发展的转变期

青春期是生命发展的转变期。在这几年里，女孩的身材、容颜、性器官会有一定的变化，心理上会产生一定的波动。女孩成年后什么样，未来会过什么样的生活，在很大程度上取决于这段青春岁月。

1 青春期来了

◎ 青春期自画像

青春期是生命发展的一个阶段。心理学家和教育家研究发现，青春期是从儿童过渡到成人的转变期。在这个阶段，一个人的身心不断经历各种变化，个体达到性成熟开始具备生育能力，心理逐渐走向成熟。

青春期变化始于脑部，基因唤醒了激素，刺激身体各部位，一场从女孩到女人的蜕变就开始了。身高变、体重变、体形变、声音变、脾气变、心思变……变得一天比一天美。

不过也有小苦恼，个子蹭蹭长，高过了男孩；脸上痘痘一拨接一拨地长；变得爱照镜子了；偷偷地关注某个男孩；有时觉得妈妈特别烦，会莫名地心情低落；唱了一次歌后嗓子哑了……

◎ 青春期成长任务

著名心理学家爱利克·埃里克森把人生分成8个阶段，从出生到老年每个阶段都有其成长和发展任务。12～18岁为第五个阶段，是青少年期，也就是我们常说的青春期，这一阶段是儿童向成年迈进的重要转折点。青少年会反复思考我是谁、将来要成为什么样的人等问题。在不断的自我探索中，看清现在，憧憬未来。

在这个年龄段，青少年的成长任务是建立基本的社会和职业同一性，达到个人内部状态和外部环境整合的协调一致，以积极的态度适应社会，否则他们就会对自己成年的角色感到困惑，常常处于混乱状态。

◎ 青春期心理特点：逆反、自我封闭

伴随生理上的快速发育，青春期女孩的心理也会发生巨大的变化，常常表现为逆反和自我封闭。

青春期女孩的身高、体形逐渐发生变化，慢慢会觉得自己是个大人了。她们会从心理上过高地评价自己的成熟度，认为自己的思想和行为都达到了成人水平，要求与成人的社会地位平等，一旦环境没有给予她们成人式的信任和尊重，内心往往会失去平衡。消极抵抗或者高调逆反，是她们经常采用的应对方式。

青春期女孩要维护自己的“成人”尊严，面对父母的包办代替、反复叮嘱、倍加呵护，她们把房门关闭，为QQ空间设置密码，把私人物品锁起来，与父母对着干……她们用这些方式让自己的内心达到

平衡。

◎ 青春期从什么时候开始

每个女孩青春期开始的时间是有差异的，有的女孩10岁左右声音就变得又尖又细，而有的女孩14岁了还胸部平平，这种个体差异都属于正常现象。

一般来说，到了10～12岁，多数女孩都进入了青春期。生长在不同地域的女孩，受自然条件和社会条件差异的影响，如气候、营养等，青春期开始的时间有所区别。心理学上，青春期通常指11～18岁这个阶段。

◎ 发育晚，就落后了吗

从小范围的一个班或者一个社区里的女孩来考量，青春期开始的时间，在正常范围内，是早好还是晚好，是否会影响女孩的人格发展和社会交往呢?

美国加利福尼亚大学进行的追踪研究表明，青春期开始较早的女孩比成熟较晚的女孩具有一些社会优势。比如，力量较大，体形更加出众，在社交场合表现得更加自信。那么，这种早熟和晚熟的差异是否会持续到成人期呢？一般而言，这种差异会因时间的推移而逐渐消失。

对于发育较晚的女孩来说，不要因此而自卑，要好好学习，发展特长，这样才能拥有更加美好的未来。

◎ 性早熟

女性性早熟是指女孩在8岁以前出现乳房发育或10岁前出现月经来潮。儿童性早熟会伴有身高、体重增长加速，最终导致骨骼成熟过快，提前闭合。孩子发病初期会出现生长过速，但到了成人期身高反而相对矮小，这样容易引发自卑情绪。

性发育过早会导致性激素水平同时增高，女孩性心理波动大，会有性幻想、性冲动，如果得不到及时疏导，容易产生焦虑、抑郁情绪。

性早熟分为中枢性性早熟和外周性性早熟。中枢性性早熟是真性性早熟，真性性早熟主要由于脑部疾病、甲状腺功能低下或体质性性发育提前（没有特殊病变）所致。颅内肿瘤、性腺肿瘤、肾上腺增生或肿瘤等疾病，都可能引发性早熟。

当女孩没到青春期，身高却加速增长，出现乳房小硬结时，往往是性早熟的早期征象，要尽早就医，排除病理性因素，干预体质性性发育提前。等到长出了阴毛、腋毛，月经来潮后，性发育已经走向成熟，假性性早熟可能已经发展成为中枢性性早熟。

◎ 性幼稚

如果女孩到了青春期还未发育，没有出现第二性征，很可能是永久性的性发育不全症，也称作性幼稚症。性幼稚症患者均无第二性征，生殖器呈幼稚状态。由于患者缺乏的激素种类不同，对全身发育的影响也不同。

女孩患上性幼稚症后，主要表现为原发性闭经。导致性幼稚的常见因素有遗传、内分泌、成长环境等，父母要细心观察，一旦发现异常情况，要及时治疗，以免为女孩的成长留下遗憾。

青春帖

好好吃，不早熟

女孩性早熟比女孩发育迟缓更不易发现，母亲可以多和女孩一起洗澡、游泳，以便于近距离观察，发现乳房发育、月经来潮、身材曲线变化后，及时查明原因，积极干预。外周性性早熟虽然不是真性性早熟，但如果不积极干预，也易发展为中枢性性早熟。

性早熟的原因很多，机制复杂。很大一部分原因是由饮食不当引起的，遍布大街小巷的洋快餐和油炸类食品因热量过高容易在体内形成多余脂肪，引发内分泌紊乱，导致性早熟。

女孩性早熟的罪魁祸首是激素，一些人工养殖的禽类，催熟剂残余会集中在这些禽类脖颈处的淋巴中，成为“中毒源”，一定要少吃。反季节的水果、蔬菜等都可能含有较高的激素类物质，所以要尽量吃应季蔬菜、水果。

还要注意饮食多样化，五谷杂粮都要合理摄入。不要盲目进补，大补类药膳极易影响内分泌环境，造成内分泌紊乱。

2
激素，促使女孩变化

◎ 有一种物质叫激素

女孩为什么变化这么快？是激素的作用。随着下丘脑—垂体—性腺轴发育成熟，下丘脑分泌促性腺激素释放激素，使垂体分泌促性腺激素，卵巢受到促性腺激素的刺激，开始大量分泌性激素，使女孩进入青春期。

这时，女孩可能要问：“激素是什么？”激素是内分泌腺分泌的物质，直接进入血液分布到全身，对机体的代谢、生长、发育和繁殖等起重要的调节作用。激素包括甲状腺激素、肾上腺激素、胰岛素、性激素等。

◎ 激素的力量有多大

没有激素就没有成长。激素负责调节人的睡眠、体温以及饮食等。激素不但促进了女孩的成长，也影响了她们的心情。进入青春期后，女孩有了初潮，身高和体重增长迅速，声音变得尖细，体形玲珑有致，更具有女性特征，情绪多变，这些都与激素有关。

在人脑内，有一个调节内脏活动的较高级神经中枢——下丘脑（又叫丘脑下部）。下丘脑能分泌多种释放激素，这些释放激素作用于脑垂体，引起脑垂体分泌各种激素，如生长激素、促甲状腺激素、促性腺激素等，这些激素再促进相应的内分泌腺（如甲状腺、性腺等）分泌有关激素。女孩的体内有多种不同的激素在起作用。

◎ 生长激素与身高

生长激素由垂体产生，直接作用于全身的组织细胞，能增强新陈代谢，促进机体生长，特别是促进骨骼的生长。如果生长激素分泌不正常，会引起生长发育异常。生长激素分泌不足，就会生长迟缓，身材矮小；生长激素分泌过多，全身各部分过度生长，则会身材过高。

身材过高或者过矮往往是生长激素分泌异常引起的病理现象，发现后应及时就医，科学干预，以防出现更加严重的后果。

◎ 成长缺不了：甲状腺激素

甲状腺激素的主要作用是调节人体的新陈代谢，促进生长发育以及大脑发育等基本的生理过程。脑垂体分泌的生长激素也是借助甲状腺激素而发挥作用的。幼年时甲状腺激素分泌不足，人的身材就会矮小，阻碍大脑发育，甚至智力低下。

◎ 加速成长：肾上腺激素

肾上腺激素是由肾上腺髓质分泌的，能增强新陈代谢，帮助人体快速生长，使肌肉发达，皮下脂肪增加，对体毛的长出和声音的改变都有一定作用，这种激素男孩、女孩身体里都有。

当人们进行剧烈活动时，在神经系统的调控下，肾上腺分泌大量肾上腺激素，同时立即使胃、肠道等内脏血管收缩，以适应剧烈活动时肌肉和大脑对营养供给的需要。

◎ 让女孩变成女人：雌激素

雌激素主要由卵巢合成。它的作用是促使第二性征出现，促进生殖器官发育，并使子宫内膜增生，有利于女孩保持女性的心理和行为特征。

爱美的女孩为了保持身材，会减少脂肪类食物的摄入量，如果身体脂肪少于体重的22%，体内雌激素就会不足。当雌激素不能维持人体正常需要时，必然影响女性器官的正常发育。

◎ 为什么会怀孕：孕激素

女孩进入青春期后，会分泌孕激素。孕激素主要由卵巢分泌，由卵巢的黄体细胞合成。只有排卵后才分泌孕激素，它与雌激素协同发挥作用，使已增生的子宫内膜呈分泌期改变，以达到适合胎儿生存的标准。在妊娠期，体内雌激素、孕激素很多，能够抑制排卵，防止再次受孕。

◎ 女孩不可缺：雄激素

雄激素主要由肾上腺皮质合成，卵巢分泌少。女孩体内的雄激素能促进肌肉、骨骼及毛发生长，所以也是不可缺少的性激素。

◎ 神奇的内分泌

性激素是指参与调节生殖功能的激素。女孩体内的性激素有三种，即雌激素、孕激素和雄激素，由卵巢和肾上腺皮质合成。它们维持性器官的发育及生育功能。

在正常情况下各种激素是保持平衡的，当这种平衡被打破，会导致内分泌失调，进而引起相应的临床表现，如皮肤变差、脾气变坏、乳房肿块等。

◎ 不由自主地性幻想：雌激素

人的性腺在出生后基本处于沉睡状态，到了青春期，少男少女的性腺开始发育并逐渐趋于成熟，产生性激素，男性主要为雄激素，女性主要为雌激素。性激素促进了女孩的生理发育，生理发育唤醒了女孩的性意识，她们会不自觉地关注与性有关的内容，如绯闻事件、花边新闻、影视作品、性普及短片等，受到这些内容的刺激后，女孩就会产生性幻想。

性幻想是大脑皮层活动的产物之一，介于意识和潜意识之间，是对现实生活中暂时不能实现的愿望的精神满足，可强化躯体刺激，加深性体验，提供更深层的性满足。

3
大脑有多奇葩

◎ 青春期是大脑活跃高峰期

我们拥有高度发达的大脑新皮层，这是人类独有的非凡认知能力中心。大脑新皮层取决于基因，出生前和青少年时期生长最活跃。孕后胚胎发育的前三个月大脑的基本结构已成形，更多细微结构的生成和功能化出现在青少年时期，这个阶段，不同区域的功能特性开始形成和显现。

◎ 大脑中的某些物质会导致青春期孩子对某些事物上瘾

青春期孩子大脑中腹侧纹状体有着较大面积的密集的灰质，这令少年对能直接影响情绪的多巴胺尤其敏感。这或许能解释为何许多人从青春期开始，沉迷于最能激活多巴胺系统（被称为大脑的“奖赏中心”）的上瘾物——烟草、酒精、赌博、上网、游戏……

◎ 会有主观焦点感：假想观众

假想观众是注意获得行为，青少年希望被他人注意、觉察，希望自己像舞台上的演员一样吸引眼球，希望自己成为观众注意的焦点。青少年认为周围的每个人都像他自己一样对其思想、感觉和行为特别关注。他认为自己生活在一个舞台上，是主要演员，其他人是观众，随时随地都在关注、观察着自己这个独特的自我。

◎ 放大自己的感受：个人神话

青春期孩子会过度强调自身的情感与独特性，总是将思想集中在自己的情感上，认为自己的情绪体验是独一无二的。为了维持个体的独特感，可能会精心编造一个充满幻想的关于自我的故事，让自己沉浸在一个远离现实的世界里，享受着“非现实化”的人生。女孩要记得，梦醒以后，无须沮丧，你在现实生活中也是独一无二的个体。

◎ 大脑变笨，别怕

有人说，到了青春期大脑的反应会变慢，这是真的吗?

人脑内海马状凸起处控制人的记忆和学习能力。青春期时此处有一器官凸起，分泌大量蛋白质，降低大脑兴奋度，损害空间认知能力，使人记忆能力下降。

科学家意外地在处于青春期的老鼠的海马体中发现了一种特殊的蛋白质，它是一种GABA（伽马氨基丁酸）受体。这种受体蛋白质会干扰神经元之间的连接，从而阻碍染色体提高动物的认知能力。

不过，激素会减轻这种蛋白质的作用，从而让女孩回到更好的学习状态。

◎ 补脑，不能缺碳水化合物

大脑的能量来源首先是葡萄糖，而主食富含碳水化合物，能够直接供给葡萄糖。大脑有个血脑屏障，就像坚守岗位的安保人员一样，对进入大脑的每一种营养物质都会进行严格审查，只允许葡萄糖进入大脑。

虽然蛋白质、脂肪在体内也能转化成葡萄糖，但其过程曲折且携带有害大脑的物质。主食就不一样了，吃了就等于用葡萄糖给大脑提供了能量，大脑细胞的反应会因为营养充足而充满干劲。

中学阶段学习任务多，用脑量大，如果不吃主食，吃再多的蛋白质、脂肪都不利于大脑工作。至于其他的补脑食物，在正餐之外添加比较恰当。

◎ 音乐让你脑洞大开

科学家认为，学习乐器演奏或听音乐能够促进青少年的大脑发育。研究人员让232名年龄在6～18岁的测试者接受音乐训练，结果显示，测试者某些脑区的功能增强了，如掌管记忆力、注意力、统筹能力以及规划能力的脑区。

如果你已经开始学习某种乐器，那么就继续吧！青少年演奏乐器的过程需要控制和协调动作，会对大脑控制情感的区域产生刺激，能在一定程度上预防心理疾病。

——青春帖——

打造最强大脑

每个人的脑细胞足够使用300年，大脑越用越灵，不用则功能减退。青春期是学习的关键期，越是多学知识，大脑越灵活。但是，这并不等于可以夜以继日地过度用脑。脑科学研究表明，在疲劳的状态下，会出现头晕脑涨、记忆力下降、反应迟钝等情况，所以大脑也需要休息。

4
你的女性生殖器在发育：第一性征

◎ 我是女生：第一性征

搜索儿时记忆，你可能记不起来，从哪一天起，你知道自己是女孩了？帮助你认定自己是女孩的部位你一定很清楚，这就是第一性征。生来就有的具有两性生殖器官的特征称为第一性征。

◎ 生殖器的结构

女性生殖系统包括内、外生殖器官及其相关组织。

内生殖器指生殖器官的内脏部分，包括阴道、子宫、输卵管及卵巢。输卵管和卵巢常被称为子宫附件。

外生殖器是指从外面就可看到的生殖器官总称，也称为外阴部，包括阴阜、大阴唇、小阴唇、阴蒂、阴道前庭、前庭大腺、前庭球、尿道口、阴道口和处女膜及会阴。

1.阴阜

阴阜耻骨联合前面隆起处的外阴部位，呈丘状，由皮肤及很厚的脂肪层所构成。到了青春期，耻骨的前面会因脂肪蓄积而膨胀起来。开始生长阴毛，阴毛呈典型的倒三角形。

2.阴唇

阴唇包括大阴唇和小阴唇。

大、小阴唇各是一对纵行的皮肤皱襞，大阴唇位于外阴两侧，靠近大腿的内侧；小阴唇在大阴唇的内侧，前端包绕阴蒂，左右小阴唇之间有尿道口和阴道口。

3.阴蒂

位于两侧小阴唇之间的顶端，是一个长圆形的小器官，里面有与男性海绵体相似的组织，性兴奋时会勃起。

阴蒂内有丰富的神经末梢，故对刺激很敏感，会引起性快感。

4.阴道前庭

阴道前庭是指两侧小阴唇所圈围的菱形区，前面是阴蒂，后面是阴唇系带，两边是小阴唇。在阴道前庭内，由前向后依次有尿道外口、阴道口，另外还有前庭球和前庭大腺。

5.前庭大腺

前庭大腺又称巴氏腺，位于阴道后部，黄豆大小，左右各一，也被球海绵体肌覆盖。开口于前庭后方小阴唇与处女膜之间的沟内。

性兴奋时前庭大腺会分泌黄白色黏液，起润滑阴道口的作用。

6.前庭球

前庭球又称为海绵体，位于阴道前庭两侧，前与阴蒂相连，后接前庭大腺，表面被球海绵体肌覆盖。

7.尿道口

尿道口位于阴道前庭内，阴蒂的后下方，是尿道的开口，略呈圆形，其后壁上有一对并列的腺体，称为尿道旁腺，它的分泌物可以润滑尿道口。

8.阴道口

阴道口位于尿道口后方，前庭的后部，是阴道的开口处。

9.处女膜

处女膜是一层很薄、很纤嫩的黏膜组织，位于距离阴道口大约5厘米处，呈一圈环形皱襞状。处女膜上有小孔，月经可以由此流出。处女膜在第一次性交时破裂。当处女膜破裂时，女性阴道常会少量出血，并伴有疼痛。

10.会阴

阴道口与肛门之间的部位叫会阴。

◎ 外生殖器的功能

外生殖器是生殖器官的外露部分，除了能感受和表达性刺激外，对女性器官还有很好的保护作用。

1.大阴唇

大阴唇直接保护前庭大腺，相当于保护了女性的盆腔部位。

2.前庭大腺

性兴奋时就会分泌黄白色黏液，可润滑和清洁阴道，保持阴道内的洁净。

3.小阴唇

小阴唇是闭合的，能保护阴道和内生殖器，是女性私密处自然防御系统的重要部分。

4.阴蒂

阴蒂具有丰富的神经末梢，对异性的刺激很敏感。

◎ 内生殖器的功能

内生殖器包括阴道、卵巢、输卵管、子宫等。从功能上来说，内生殖器承担着一定的身体功能，如孕育、排卵等。

1.阴道

阴道不仅是性交的器官，也是排出经血、分娩胎儿的出口。

2.卵巢

卵巢能产生并排出卵子，合成并分泌性激素。

3.输卵管

卵巢连接阴道的管道，细长而弯曲，卵子从卵巢排出后，进入输卵管，在这里与精子结合形成受精卵。

4.子宫

概括起来说，子宫的功能有两个，一是怀孕后宝宝生长、发育的场所，二是产生月经。

5 你的女性外貌在发育：第二性征

◎ 我是女生：第二性征

女人味儿、柔美……这些词是对女性第二性征的美好描述。

性发育的外部表现是第二性征，体现出男女在身高、体态、相貌、声音等方面的差异，第二性征在进入青春期后才出现。

◎ 女性第二性征的内容

对大多数女孩来说，随着乳头周围脂肪组织的增加，并发育形成小乳芽，9～10岁时进入性成熟期。大约11岁，身高增长，乳房开始迅速发育。12岁前后，出现初潮。大约初潮后第二年，随着乳房的发育，腋毛等体毛出现，声音变细。15～16岁月经形成规律，脂肪积累增多，臀部变圆，脸上长青春痘；17～18岁，骨骺闭合，停止长高；19岁以后体态苗条，皮肤细腻。

◎ 雌激素刺激：出现第二性征

进入青春期后，性腺分泌的雌激素增多，女性体内性激素以雌激素为主，它在青春期刺激女性阴部及腋窝，促使阴毛和腋毛生长；它使皮肤细腻，乳房发育……可以说，在雌激素的作用下，女孩出现了第二性征。

PART 02

青春性器官：熟悉你的第一性征

那些生来就有的女性生殖器官进入青春期后会有怎样的变化？那些流出的白色液体是什么？卵子是从哪里来的？为什么有的人不能生宝宝……

1
体内的神秘管道：阴道

◎ 认识阴道

阴道是由黏膜、肌层和外膜组成的肌性管道，富有伸展性，连接子宫和外生殖器。

阴道从阴道口一直延伸到子宫颈，它的上端接着凸入阴道中的子宫颈。由于子宫颈的凸入，阴道顶端、环绕着子宫颈周围形成一圈凹陷的地方，称为阴道穹隆。穹隆又可分为四部分，包括前穹隆、后穹隆和两侧穹隆，其中后穹隆比较深，顶端与子宫直肠陷凹贴接，而子宫直肠陷凹又是腹腔中的最低部分。

◎ 这样区分阴道和尿道

阴道位于膀胱、尿道和直肠之间，是一个富有弹性的管状器官。阴道的下部较窄，下端以阴道口开口于阴道前庭。尿道连着膀胱，在阴道的上方，和阴道平行。尿道口在阴道口的上方、阴蒂的下方，有一个小孔，就是尿道的开口。

◎ 阴道具有自洁功能

由于解剖学及生物化学特点，阴道内各种腺体能分泌一些液体，润滑和清洁阴道。阴道内的益生菌对病原体的侵入有自然防御功能，当阴道的自然防御功能遭到破坏，病原体则易于侵入，造成厌氧菌和霉菌繁殖，阴道内益生菌分泌不正常后，下体容易出现异味、瘙痒等症状。正常情况下，女孩只需冲洗外阴，就能保证阴道的洁净，因为阴道有自洁功能。

◎ 青春期女孩也可能患阴道炎，千万别大意

阴道炎是阴道黏膜及黏膜下结缔组织的炎症。各个年龄段都会患阴道炎。如果青春期女孩不注意私密处卫生，喜欢穿紧身裤，冲洗阴道方法不正确，就可能患阴道炎。

阴道炎一般表现为会阴部有下坠及灼烧感，阴道分泌物增多，甚至呈脓性薄稠样分泌。尿道口受到刺激，可出现尿频、尿痛等症状。如果出现上述症状，要及时就医。

阴道炎虽然不是疑难杂症，但是发病后很痛苦，私密处黏黏的、痒痒的，还有异味，既难受又难为情，而且此病很容易复发，治疗起来周期长，既耽误学习，又影响心情。

◎ 阴蒂可大可小

女性阴蒂的大小、形态和位置的个体差异很大，有的人很小，有的人较大，这都属于正常情况。如果异常肥大，有可能是长期过量服用雄激素或体内雄激素分泌过多所致，要及时就医。

2
私密处的白色液体

◎ 白带是什么

白带是雌性哺乳动物从阴道里流出来的一种带有黏性的白色或无色液体，它是由前庭大腺、子宫颈腺体、子宫内膜的分泌物、阴道黏膜的渗出液、脱落的阴道上皮细胞混合而成的。白带中含有乳酸杆菌、溶菌酶和抗体，有抑制细菌生长的作用。

◎ 看白带，辨识疾病

生活中，如果女孩白带的颜色、性状发生改变，那么可以根据白带的变化来初步辨识疾病。

无色透明黏性白带，呈蛋清样，性状与排卵期宫颈腺体分泌的黏液相似，但量显著增多，可能与慢性宫颈内膜炎、卵巢功能失调、阴道腺病等疾病有关。

白带呈现白色或灰黄色泡沫状，可能是感染了滴虫性阴道炎，常伴有外阴瘙痒，需要及时就医。

白带呈现凝乳状，常伴有严重的外阴瘙痒或灼痛，可能是感染了念珠菌，需要及时就医。

白带呈灰色均质，有鱼腥味，常见于细菌性阴道炎，需要及时就医。

白带呈脓样，色黄或黄绿，黏稠，多有臭味，可能是滴虫或淋菌等细菌所致的急性阴道炎、宫颈炎、宫颈管炎。

白带中混有血液，应考虑宫颈癌、子宫内膜癌、宫颈息肉或黏膜下肌瘤等。

如果私密处持续流出淘米水样白带，气味奇臭，情况可能更糟糕，需要及时就医。

◎ 外阴瘙痒

外阴瘙痒虽然不是重病，却很难受。青春期外阴瘙痒常见原因是局部皮肤不洁。有些女性使用卫生巾、卫生纸方法不当，或者内裤清洗不及时，外阴部皮肤受经血、阴道分泌物，甚至尿液、粪便和汗液的浸渍而使局部皮肤发生慢性炎症，引起外阴部瘙痒。这种情况下，女孩不要用手挠，也不要乱用药，应及时就医。

◎ 外阴检查

外阴所在部位决定了观察起来不容易，当私密处不适时，女孩可以通过以下方法来检查。

望：洗澡后，拉好窗帘，打开灯，让房间亮度充足，仰靠在床上，用小镜子对着自己的会阴部，慢慢移动小镜子，观察会阴部有没有皮肤红肿、破损等。

闻：闻闻分泌物，是否有异味，如果有腥臭、腐臭味，而且并非汗味或经血味，可能有状况，需要告诉妈妈。

触：洗澡后，用干净的指腹轻轻触摸会阴部，感觉光滑柔软、没有肿块就是正常。如果没有用力触摸就有疼痛感，可能有状况，需要告诉妈妈。

3 保持私密处清洁

◎ 洗一洗更健康

青春期女孩性激素和皮脂腺分泌都较旺盛，除了容易长青春痘外，下体也容易分泌油脂，会有滑腻的感觉，需要常做局部清洗。每天至少用清水清洗一次秘密部位，情况就会有所改善。

◎ 女孩要搞清用什么洗

女孩阴道内生存着以乳酸杆菌为主的正常菌种，占90％左右，它们像卫士一样将阴道的pH值维持在弱酸环境下，防止有害菌的滋长，能保护阴道。如果女孩每天用各种清洗液冲洗阴道，会杀死维持正常酸性环境的有益菌，助长有害菌的滋生，很容易患细菌性阴道炎。

正常情况下只需用清水清洗即可。只有在有炎症或在生理期免疫力低下时，才可以在医生的指导下选择合适的清洗液清洗。

◎ 按顺序洗，更健康

清洗外阴的时候，可以按以下顺序进行：先洗净双手，然后从前向后清洗外阴，再洗大、小阴唇，最后洗肛门周围及肛门。

◎ 穿内裤学问大

随着女孩不断长大，为了自己的健康，有必要掌握一些购买内裤、清洗内裤的相关知识。

1.每天换

如果内裤换得不及时，阴部存留白带和会阴部腺体的分泌物，会使外阴处于潮湿环境。这种温暖而潮湿的环境非常有利于细菌的生长繁殖，从而易引起外阴部或阴道炎症。

2.棉质、宽松

选购内裤的时候，最好选择全棉质地、相对宽松一些的款式，因为女性的阴道口、尿道口、肛门靠得很近，内裤穿得太紧，易与外阴、肛门、尿道口产生频繁的摩擦，使这一区域污垢（多为肛门、阴道分泌物）中的病菌进入阴道或尿道，引起泌尿系统或生殖系统的感染。

3.浅色、透气性好

在颜色和透气性方面，一定要选择浅色和透气性好的，这样的内裤吸湿性好，还便于对白带进行观察。内裤要天天换，天天洗，及时洗。内裤清洗完后，应先在阴凉处吹干，再置于阳光下消毒，这样穿起来更舒适。否则，内裤容易发硬、变形。

◎ 高弹紧身裤不宜多穿

高弹裤紧裹住裆、臀和大腿，束缚身体，透气性差，影响血液和淋巴循环，妨碍关节伸屈和身体正常发育，且极易造成少女外阴炎，出现外阴瘙痒、疼痛、红肿。

爱美的女孩，一定少穿紧身或贴身的牛仔裤，尤其是夏日气温高，容易出汗，更宜多穿裙子或宽松的裤子。

◎ 少吃小甜点，适度吃酸

女孩喜欢吃甜食，各种烘焙类饼干、蛋糕常常不离嘴，再配上甜腻腻的奶油，吃起来特别享受。殊不知，吃糖类食物较多，体内血糖或尿糖偏高时，阴道内糖原增加，酸度增高，霉菌、酵母菌大量繁殖，容易患阴道炎。

其实，生活中可吃的健康食品很多，各种水果、坚果等都是不错的选择。

4
生殖腺：卵巢

◎ 卵巢的位置

卵巢在子宫底的后外侧，左右各一个，是女性的性腺，掌管着女性的美丽和生育能力。

◎ 卵巢的结构

卵巢是位于子宫两侧的一对卵圆形的器官。卵巢表面被覆一层立方或扁平上皮细胞，这些细胞即为卵泡的来源，所以称这种上皮为生殖上皮。上皮下方有一薄层结缔组织，称白膜。

卵巢内部结构可以分为皮质和髓质两部分。皮质位于卵巢的周围，主要由卵泡和结缔组织构成；髓质位于中央，由疏松结缔组织构成，其中有许多血管、淋巴管和神经。

◎ 卵子从哪里来：卵巢

卵巢的生殖功能很强大，它进行着周期性变化，靠三个过程来完成卵子的发育和排出。这三个过程分别是：

1.卵泡发育

卵巢的内部结构分皮质和髓质两部分。皮质内散布着30万～70万个始基卵泡，是胎儿时卵原细胞经细胞分裂后形成的。在正常女性卵巢中，每月有若干个始基卵泡发育，但其中只有1个（也可能有2个）卵泡发育成熟，直径可达20毫米左右，其余的发育到某一阶段时闭锁、萎缩。

2.排卵

卵泡在发育过程中逐渐向卵巢表面移动，成熟时呈泡状突出于卵巢表面。在卵泡内液体的压力和液体内蛋白分解酶及某些激素等的作用下，卵泡膜最后破裂，卵细胞随卵泡液排入腹腔，即“排卵”。排卵一般发生在月经周期第13～16天，但多发生在下次月经来潮前第14天左右。

3.黄体的形成和退化

排卵后，卵泡皱缩，破口被纤维蛋白封闭，空腔内充满凝血块，为早期黄体。黄体细胞主要分泌孕激素（黄体酮）；卵泡膜细胞主要分泌雌激素。排卵后如果受精，黄体将继续发育并将维持其功能达3～4个月之久，称妊娠黄体；如果没有受精，黄体开始退化，4～6天后进入生理期。

◎ 性激素从哪里来：主要是卵巢

卵巢合成并分泌的性激素很多，包括雌激素、孕激素、雄激素等20多种激素和生长因子，它们控制着人体骨骼、免疫、生殖、神经等九大系统的400多个部位，维持这些器官的青春和活力。

当卵巢功能出现障碍或者过早衰退，身体就容易出问题。比如，孕激素和雌激素分泌不足，造成月经不调、排卵率低等；自主神经系统障碍，导致大脑偏向于加工更多的负面情绪，比如感到燥热、易怒、抑郁、失眠等；身材不够标准，比如容易发胖、小腹臃肿、皮肤毛发失去弹性、脱发等；身体免疫力降低，比如，容易患感冒等。

青春帖

按摩保养卵巢

按摩穴位可以保养卵巢。膝关节上的血海，踝关节上的三阴交，踝关节旁边的复溜、照海，足底的涌泉，下腹部的关元、气海、神阙等穴位，自己用食指在这些穴位上点按，每天2～3次，每次20分钟，可改善内分泌和生殖系统的功能，有益于卵巢的保养。

5
女性卵巢产生的生命种子：卵子

◎ 球形的卵子

卵子是女性的生殖细胞，呈球形，有一个核，由卵黄膜包被着。带有冠细胞的人类卵子坐落在一个柱状物上。它上面包裹一层透明带状物——糖蛋白。每个月由一侧的卵巢产生一个卵子。

◎ 你开始每月排出一个卵子

女孩开始来月经后，每个月都会排出一个卵子。

卵巢里养育着许多卵子，“未成年者”叫作初级卵母细胞。每月有一个卵子发育，成熟之后被包裹在直径为18毫米～20毫米、充满液体的囊泡中，并突出于卵巢的表面，医学上称为卵泡。由于卵泡液的压力及其特殊酶的协助，卵泡破裂，泡中液体流出，卵子就排出来了。

基础体温在排卵前后会有某些变化，但极轻微，不测体温主观上往往难以觉察。

◎ 受精的过程

精子和卵子结合叫受孕或受精。卵子没有运动能力，当卵子一出来就被输卵管的伞端迎接，送入管腔之中，然后在管壁肌肉的扶持下慢慢前进，迎接精子的到来。

身负传宗接代重大使命的精子具有较强的运动能力。性交时，精液被射入阴道，精子从精浆中游出，穿越子宫颈、子宫腔、输卵管峡部，最后抵达输卵管壶腹部与卵母细胞相遇，将遗传物质送入卵母细胞内，一颗受精卵就这样诞生了。

◎ 排卵的日子

排卵的日子很重要，对于育龄女性来说，可以据此来掌控受孕与避孕。

排卵与月经关系密切。我们知道，正常育龄女性每个月都有一次经血来潮，从本次月经来潮到下次月经来潮第一天，称为一个月经周期。而排卵的日子一般在下次月经来潮前的14天左右，加上排出的卵子要在输卵管里待上1～2天等待受精，故医学上将排卵日的前5天与后4天，连同排卵日在内共10天，统称为排卵期。

6
保护好孕育生命的小房子：子宫

◎ 子宫的位置

子宫是女性生殖器官中体积最大的部分，成年女性的子宫平常就像一个梨那么大，外形像倒置的梨样位于盆腔中央，周围的韧带将它固定在膀胱和直肠之间。

◎ 子宫的结构

子宫下面有一突然变窄的部位，称为子宫峡部，峡部以上是子宫体，峡部以下是子宫颈。子宫体占子宫的大部分，左右两边各与一根输卵管相连。

子宫壁由子宫内膜、子宫肌层、浆膜组成。子宫体的内腔呈三角形，腔内有黏膜覆盖，这就是子宫内膜，上面布满血管，可以为胎盘与胚胎提供所需的养分。

◎ 宝宝在子宫内的发育

子宫是宝宝发育的地方。受精卵到达子宫腔内自由地停留3天左右，子宫内膜准备好了，就找个合适的地方埋进去，叫作着床。

接下来，受精卵在无数次分裂后，形成一个细胞团，一天天逐渐长大、分化，一部分变成胎儿，另一部分变成供给胎儿营养并保护胎儿的附属器官。1周后，胚胎继续成长。到了第三个月，就发育成内脏系统具有功能的胎儿。接下来的日子，胎儿不断成长，280天左右，宝宝就出生了。

◎ 月经的形成过程

子宫内膜的厚度会随着月经周期而变化，在女性激素的影响下，内膜细胞会以同样的速度同时生长，内膜增厚，如果没有怀孕，所有的细胞会死去、剥落，就是每月几天的月经来潮。子宫肌肉层占子宫厚度的大部分，具有很强的延伸性。

◎ 子宫颈

子宫颈是子宫的开口，内有分泌黏液的细胞。正常情况下分泌的黏液非常黏稠，可以防止细菌或精子进入子宫。临近排卵时，激素的改变会使得黏液变成稀薄的水状，这样既防止感染，又能让精子顺利通过并进入子宫。排卵一两天后，黏液再次恢复到黏稠状态。

◎ 识别子宫发育不良

如果女孩经常出现月经推迟，伴月经稀少、痛经甚至月经不调等情况，可能是脑垂体、下丘脑、卵巢等器官发生了“故障”，导致内分泌功能不良，雌激素、孕激素分泌不足，子宫发育迟缓，应及时医治，否则可能会影响以后的生育。

◎ 功能性子宫出血

青春期功能性子宫出血好发于11～18岁，此时女孩的生殖系统发育不完善，由于下丘脑—垂体—卵巢轴发育不成熟或延迟，导致激素水平不稳定，而引起不规则的阴道出血。主要表现为阴道淋漓出血，或时多时少，时流时止；持续时间长短不一，短则几天，长则数十天或数月不止；伴有继发贫血，头晕心慌，气短乏力，水肿，食欲不振等。

除了内分泌因素，环境改变、学习压力、遇到刺激性较强的事件等也可能会发生功能性子宫出血。

PART 03

青春范儿：熟悉你的第二性征

进入青春期后，女孩的变化很大，皮肤光洁，头发黑亮，身姿窈窕，充满青春活力。只有女孩自己知道，她们也有成长的烦恼和不安。该怎么解决这些问题呢？这里有答案。

1
一对美好的乳房

◎ 乳房的位置

女性的乳房位于胸大肌上，通常是从第二肋骨延伸到第六肋骨的范围，内侧到胸骨旁线，外侧可达腋中线。发育的乳房，是女性的第二性征之一。

理想的乳房是丰满的圆锥形或半球形，基底是椭圆形；乳头位于顶端，向前向外并稍向上突出，乳头的合适位置取决于一个人的体型、胸廓宽度、躯干长短等多种因素；乳房的皮肤细嫩，软硬适度，略有弹性，手感柔软，位置与大小两侧对称，位于第三与第七肋、胸骨与侧胸之间。

乳头直径为1厘米～1.2厘米，高为4毫米～7毫米。乳晕略高于周围皮肤，其直径为3.5厘米～4.5厘米。

◎ 乳房的构成

乳房中的不同组织构成了乳房独有的形态和功能。

乳腺组织：成年女性乳腺组织由15～20个乳腺叶组成，其主要功能是泌乳。乳腺叶由许多乳腺小叶构成，乳腺小叶含有很多腺泡。

脂肪组织：脂肪组织包裹整个乳腺组织（乳晕除外），脂肪组织层厚则乳房大，反之则小。

结缔组织：连接胸部浅筋和胸肌筋膜的纤维束，起支撑和固定乳房的作用。

血管、淋巴管和神经：乳房含丰富的血管和神经，血管和淋巴管的主要功能是供给养分和排出废物。神经与乳房皮肤的感觉器相连，感知外界刺激。

◎ 乳房能哺乳，还很美

乳房是女性重要的性器官，它不但是女性健美的表现，也是性敏感区。乳房和乳头具有丰富的神经末梢，刺激女性乳房可产生性兴奋。乳房还是女性的哺乳器官，母乳不但营养好，母乳喂养还有利于亲子依恋关系的建立，有利于宝宝的人格发育。

◎ 了解乳房发育过程

乳房发育，一般可以从五个年龄段进行概括。

第1期（1～9岁）：青春期前，乳房尚未发育。

第2期（10～11岁）：乳房发育初期，乳头下的乳房胚芽开始生长，呈明显的圆丘形隆起。

第3期（12～13岁）：乳房变圆，形如成人状，但外形仍较小。

第4期（14～15岁）：乳房迅速增大，乳头乳晕向前突出，形如小球。

第5期（16～18岁）：形成正常成人的乳房，乳头乳晕的小球与乳房的圆形融为一体。

2
乳房会生病

◎ 摸着有肿块：乳核

乳房疼痛的时候，基本可以摸到乳房包块，但是青春期女孩真正有包块的并不多见，很多时候，女孩摸到的并不是包块。这是为什么呢？因为乳房主要由乳腺组成，有结节感。大部分10～11岁的女孩，在乳房发育过程中会出现乳核，随着乳房逐步发育成熟，乳核会自然消失。当女孩感觉胸部有包块时，可能是乳房发育的阶段性表现。

但是，如果疼痛和包块同时存在，有可能是乳腺增生、乳腺纤维瘤、乳腺囊性增生等疾病症状。出现这些情况时，不要害怕，和父母一起尽快到医院进行系统检查。

◎ 青春期溢乳

溢乳指的是双侧乳头或者单侧乳头自然少量溢出或挤压流出液

体，一般为乳白色或纯清不带血，溢乳现象一般与乳房大小无关。

女孩体内分泌一种泌乳素，适度分泌可以使体内的内分泌系统维持平衡，使女性有正常的月经来潮，有正常的排卵。当泌乳素分泌超过正常水平时，就会形成高泌乳素血症，刺激乳房分泌乳汁，发生溢乳。

◎ 乳头皴裂，好疼

青春期女孩乳头皲裂，可能是由于过敏、感染、汗水刺激等原因导致。乳头、乳晕处的神经末梢丰富，感觉敏锐，发生乳头皲裂时，疼痛剧烈。

青春期乳头皲裂可以外涂蜂蜜或维生素E胶丸、红霉素软膏、乳头皲裂膏等。涂抹药膏后，为防止摩擦，可以用消毒纱布包裹起来。除此以外，平时要保持乳头清洁卫生，多喝水。

◎ 乳腺增生

如果乳房疼痛常以月经周期为规律，经前乳房开始疼痛，经后可缓解或消失，疼痛为胀痛或针刺样，则考虑为增生性病变。患乳腺增生症，除了疼痛、肿块外，还会出现情绪烦躁、易怒等现象，在生理上表现为体力下降、尿频等，在病理上多伴有妇科病、子宫内膜异位症等，要及早治疗，消除痛苦，避免恶化。

◎ 乳腺癌

乳腺癌本身很少引起疼痛，乳腺癌病人以乳房疼痛作为初发症状的仅占5%左右。但有一种疼痛感特别需要注意，那是一种间歇性、发自乳房内、很尖锐的刺痛，疼痛的感觉不会牵引到乳房外的部位。出现这种疼痛时，应该仔细检查是否有肿块，如果有，应及时就医。

3
乳房怪现象

◎ 乳房疼痛

女人一生中会经历多次乳房疼痛，比如，青春期乳房发育阶段、经前期乳房胀痛、孕期乳房胀痛等。当女孩进入青春期，在乳房发育的过程中，有些女孩的乳房会有膨胀感，有的甚至感到疼痛或触痛。因为害羞，很多女孩不向家长询问或者请教医生，只是独自恐慌，影响了自己的生活和学习。其实，不必太担心，这些胀痛是因为女孩的乳房开始发育才产生的。月经初潮后，随着乳房的发育成熟，乳房胀痛会自行消失。

◎ 乳房为什么一大一小

即使发育成熟的乳房也常常略有差异，一般右侧大于左侧，但外观难以区分，只有通过仔细测量才能发现。青春期女孩的乳房正处于发育期，一大一小的情况并不少见，对此不必忧虑。

青春期乳房发育的时候，由于两侧乳房对激素的敏感性不同，对体内雌激素、孕激素的敏感性较强的一侧先发育、生长较快而显得较大；敏感性较差的一侧则因发育迟缓、生长较慢而显得较小。随着发育成熟，两侧乳房会逐渐趋向对称。

◎ 乳房过小

乳房过小是指青春期后乳房发育不良形成小乳房，可能是畸形，需要及时医治。引起乳房过小的原因大概有以下几种：

第一，与激素缺乏有关。乳房的发育受垂体前叶、肾上腺皮质和卵巢内分泌激素影响，垂体前叶产生促乳房激素而直接影响乳房发育，卵巢产生雌激素、孕激素，促进乳房发育。此外，生长激素、胰岛素等也是乳腺发育不可缺少的成分。

第二，乳房大小还受种族、遗传和体质等因素的影响。西方女性的乳房比东方女性丰满。一般来说，母亲乳房瘦小，女儿乳房也不丰满。体胖的人因脂肪积聚多，乳房就显得充实突出；消瘦的人脂肪积聚少，乳房就显得小而平坦。

第三，患某种疾病也会影响乳房发育。如果少女得了垂体前叶功能减退症、垂体性侏儒症和原发性卵巢发育不全等病症，乳房也会小。

◎ 乳房过大，无须担忧

在月经初潮来临的前一段时间，有的女孩会出现暂时性乳房肥大，并伴有不同程度的乳房胀痛，月经来后，这种暂时性肥大现象会逐渐消失，乳房恢复正常。

个别少女青春期乳房明显肥大，多为双侧，这类少女月经周期和内分泌功能都正常，病因是乳腺组织对雌激素过于敏感。也有人认为，乳房过大是由于乳腺发育过度，内分泌过于旺盛，脂肪储存量太多，形成堆积的缘故。

4 如何正确使用胸罩

◎ 胸罩能支撑和保护乳房

到了一定年龄，胸部发育了，很多女孩戴上了胸罩，却不知道胸罩有什么作用，这里简单介绍一下。

1.支撑

胸罩对乳房有一定的支撑作用。乳房的内部结构主要包括腺体、导管、脂肪组织及纤维组织等。乳房本身没有骨骼支撑，佩戴胸罩可以起到一定的支撑作用，使女性的胸部显得坚挺而丰满。

2.保护

胸罩在一定程度上对胸部有保护作用。乳房是娇嫩、敏感的体表柔软器官，容易受到撞击、挤压，在剧烈运动时可能牵拉到乳腺组织。胸罩可以增加胸部的稳定性，保护乳房免受外界伤害。

◎ 学会给乳房松绑

专家发现，每天戴胸罩12小时以上的女性比短时间或者根本不戴胸罩的女性患乳腺癌的可能性高出21倍。那些晚上也不摘下胸罩的女性，患乳腺癌的可能性则更高。因为胸罩卡紧胸部会影响乳房部分淋巴液的正常流通，久而久之可能会使乳腺的正常细胞发生癌变。

周末如果不用出门，就给乳房选择一个最舒适的方式，摘掉胸罩，穿上家居服，放松一下。一年四季，夏天的衣服薄，不得不穿胸罩，那么剩余的三个季节可以根据情况“裸胸”。有的女孩觉得爸爸在家里不好意思，那么，走出自己房间的时候再穿上胸罩就可以了。

◎ 算算你的罩杯尺寸

一个罩杯多大由其深度决定。乳房最高点的乳围（三围之一）减去乳房下围一圈的长度就是罩杯。两种罩杯间的尺寸以够长的背扣来量度。

罩杯尺寸=上胸围-下胸围

◎ 什么时候开始戴胸罩

一般女孩长到16~18岁，胸廓和乳房的发育均已接近成熟，用软尺从乳房的上缘经过乳头到乳房的下底部测量，如果距离大于16厘米时就应佩戴胸罩。如果年龄小于16岁而乳房上下部距离小于16厘米，则不宜戴胸罩。因为过早佩戴胸罩不仅对正处于发育隆起阶段的乳房不利，而且可能会影响以后的乳汁分泌。

5
选胸罩有学问

◎ 窄带、过紧胸罩与胸罩综合征

如果女孩长期使用窄带式的胸罩或胸罩尺寸偏小、穿戴过紧，连续活动时，上肢肩部肌肉不断运动，胸罩则在肌肤的很小范围内频繁地摩擦，时间长了，容易引发肩部不适，尤其是肩背部酸痛、胸闷、头晕、头颈部旋转时有针刺感，肩、背局部肌肉都会有不同程度的老化。这类症状被称为胸罩综合征。

另外，穿过紧的胸罩还容易对胸口造成压迫，对心肺功能造成影响，产生胸闷、气促、呼吸不畅等。

◎ 胸罩尺寸要合适

胸罩不合适，过大或过小，都会对乳房造成不良影响。

乳房上分布着丰富的血管、淋巴管及神经，对乳腺起着营养和新陈代谢作用。如果胸罩过小尤其是下围的钢圈又硬又紧，就会影响血液循环和营养供给，造成乳房缺血、痉挛，引起乳腺增生。而乳腺增生和乳腺纤维瘤、乳腺癌都有一定关系。如果胸罩过大，乳房在里面可以上下活动，同样会导致乳腺增生。此外，研究显示，不合适的胸罩还会造成乳头内凹、乳腺堵塞及乳房疼痛等。

那么，如何检验胸罩戴着是否合适？把手向上举，如果胸罩下围的部分也跟着上提，说明不合适；穿着胸罩站立时，胸部中心部位空空的不伏帖，说明不合适；罩杯与肩带外侧有赘肉挤出，说明不合适；肩带嵌到肩膀的肉里面，背部的胸罩下围比胸前的下围还高，说明不合适。

◎ 隐形胸罩不可久戴

隐形胸罩一般采用硅胶材质制成，没有肩带、背带，而是靠内侧的胶紧紧粘在皮肤上来固定，以保证其不滑落。长时间戴着很容易引起痱子、湿疹、接触性皮炎等皮肤病。

◎ 胸罩的分类

女孩要想选择一款合适的胸罩，还要知道胸罩的种类，不同种类搭配不同款式的衣服。

无肩带胸罩：大多以钢圈来支撑胸部，便于搭配露肩及宽领性感的服饰。

魔术胸罩：在罩杯内侧装入衬垫，借以托高胸部，可表现胸形及乳沟。

无缝文胸：罩杯表面是无缝处理，缝入厚的棉垫，胸下围处也是无缝处理，适合搭配紧身服饰。

前扣胸罩：钩扣安装于前方，一般便于穿着，也具有一定的集中效果。

长束型胸罩：是一种标准的胸罩，罩杯下端之土台较长，能把腹部、背部的赘肉及多余的脂肪往胸部集中。

无肩带长型胸罩：可以调整腹部、腰部的赘肉，表现女性的曲线，多用来搭配性感服饰，如晚礼服等。

休闲型胸罩：一般用来搭配服饰或平日居家休闲而穿着的胸罩。

◎ 不要戴钢圈款

定型文胸，特别是有钢圈的，有衬垫，穿着舒适，能充分展示曲线和乳沟，让胸部看上去更加丰满。但这种款式的胸罩不适合少女，背心围是最佳选择。背心围是一种专门为少女穿着的特殊胸罩，它在背心的基础上增加了一个突起的围，有了可伸展的弧度空间，适合青春期乳房发育需要。

6
身高：多高才有范儿

◎ 青春期是长个儿的黄金期

每个人都希望拥有高挑、挺拔的身材，青春期女孩更是如此。对身高影响最大的是下肢骨，其次是脊椎骨。骺软骨细胞不断分裂，并不断被钙化成骨，促使骨头变长，就长高了。青春期骨骼硬度不够，可塑性强，要注意坐立行走的姿势端正，驼背、含胸、歪肩膀等都是由于青少年时期姿势不当造成的。

◎ 女孩长个儿的时间和身高

女孩一般在10.5岁左右进入青春发育加速期，12岁达到高峰，到13~13.5岁回落到一个较缓慢的速度。在发育加速期结束后，女孩身高增长27.7厘米~29厘米。与同龄人相比，即使你个子长得不快，也不要烦恼，因为长高的时间存在个体差异，有的女孩可能13岁就达到了成人身高，有的女孩则十七八岁才快速长高。

◎ 不敢吃饭，怕长个儿

当女孩身体开始成人化后，如果对身体变化持积极看法，将有可能具有高水平的自尊。如果对身体变化不满意，总是把注意力集中在自认为是缺陷的方面，可能会产生抑郁情绪，或者做出不利于健康的行为。

有的女孩个子较高，担心长个儿，就不怎么吃饭。千万不要这么做，不管高矮，都要合理饮食。不要偏食，保证睡眠时间和质量，多参加体育锻炼，做个身心健康的女孩。

◎ 多运动能长个儿

体育活动可给骨骼以良好的刺激，加强骨头、肌肉的新陈代谢，增强骨骼的韧性和强度，有利于骨骼生长。有人对年龄相当的青年做过调查，经常参加体育锻炼的人，比不常参加体育锻炼的人，骨骼要更加强壮，平均身高更高。

最有利于长个儿的运动有跳绳、跳高、打篮球，如果能与足球、游泳、骑车、滑冰等运动项目相结合，效果会更好。

◎ 一套神奇的长个儿体操

有一套体操，归纳起来只有12个字：热身、行走、跑步、伸拉、垂吊、跳跃。专家认为，做这套体操，可以使脑垂体中生长激素分泌得更加旺盛。每天坚持做一遍，会收到意想不到的效果。

1.热身

身体保持正直，然后上体前倾，双臂伸直用力向后上方挥动。这一步特别重要，可以防止运动损伤。

2.行走

选择宽敞的地方，大幅度摆臂，有力地向前走。

3.跑步

一定要先小步跑，同时双手放在肩上，双臂屈肘向前转动；然后快速跑跳25米～50米。重复4～6次，每次之间稍事休息。

4.伸拉

踮起脚后跟，双臂伸直向上伸拉，然后向各方向伸拉。重复6～8次，每次之间稍事休息。

5.垂吊

在单杠上悬垂（20秒到1分钟），双腿并拢。身体先向左、右转动，再向前、后摆荡，最后做引体向上（女孩做此练习双脚可以不离地）。每次做4～6分钟，每个动作重复6～8次。

6.跳跃

向上跳，争取每次跳得比前一次高，或力求达到某一规定高度。向下跳，从稍高的地方向下跳，落地时尽量弯曲双腿，然后双脚用力蹬地，再向上跳起，各做30～60次。

从一开始就要注意按照规定数量做好动作。每做完一节操，要稍事休息，让呼吸平稳、肢体充分放松。每周做操不少于3次，每次35～45分钟，持之以恒，效果会很好。

青春帖

身高加速生长期

进入青春期，生长激素分泌旺盛，身高迅速增长。除了生理因素外，身高还受心理因素、社会环境等的影响，心情愉快，生活自在，不焦虑、不抑郁，也能在一定程度上促进长高。

7
走丢了的曲线

◎ 超过标准的体重是累赘

体重超标于健康无益。根据中国肥胖工作组的研究，体重指数（BMI值）超过24，发生与肥胖相关的心血管疾病的可能性达60%；体重指数超过28，发生与肥胖相关的心血管疾病的可能性达90%。现在肥胖学生的数量不断增加，成为未成年人肥胖的强大后备军。

体重超标影响美观。一伸胳膊、一走路，身上的赘肉就动来动去，毫无轻盈健美可言，容易挫伤自信心。爱美时节，任何款式的衣服都穿不出型来，心情得多沮丧！可见，为了自己的健康和美丽，青春期女孩要学会科学地控制体重。

◎ 身体体重指数

身体意向是指个体对自己身体的认知和评价，是个体自我意识中最早萌发的部分，也是自我概念一个重要的基础部分。同时，身体意向是青少年同一性发展的重要方面，它影响青少年的情感和生理健康。因为体重身兼美和健康两项表现能力，所以在青少年的身体意象里必然很重要。

自己的体重是否正常，可以通过体重指数（BMI）来衡量。

BMI（Body Mass Index）是世界公认的一种评定肥胖程度的分级方法。该方法把体重分为四个级别，计算方式为：BMI=体重（千克）/身高（米）^{2}。

正常：18.5～23.9

超重：≥24

偏胖：24～27.9

肥胖：≥28

专家指出最理想的体重指数是22。由于存在误差，BMI只能作为评估个人体重和健康状况的多项标准之一，青春期女孩用它来衡量身体是否超重是一个不错的选择。

◎ 因为肥胖，青春期提前

美国辛辛那提儿童医院的研究人员在2004年对当地的1200名女孩进行了研究，从她们6～8岁时开始进行调查，随后多年跟踪她们的发育情况。研究结果显示，白人女孩乳房开始发育的平均年龄为9.7岁，比1997年的调查结果提早了4个月。

◎ 主食，一定要吃

馒头、米饭、大饼等食物之所以被称为主食，自然有其重要性，如果不吃主食，则会影响身体健康。

有的女孩觉得吃鱼、肉、蛋摄入蛋白质就够营养了，但是如果以鱼、肉、蛋类替代主食来充饥，势必是高蛋白高脂肪膳食，而这样的膳食容易引发电解质紊乱、低血压、疲乏、心律失常、酮症、高尿酸血症、痛风、骨质疏松、肾结石和肾功能紊乱等问题。如果女孩的膳食长期保持高脂肪低碳水化合物，将会抑制胰岛素分泌，降低胰岛素敏感性，最终可能引发糖尿病。

◎ 吃大了胃口，必胖无疑

身体的中枢神经系统内有一个专门管理摄食的中枢，称为摄食中枢。摄食中枢有两个功能对立且交互抑制的中枢，分别称为饱中枢和饿中枢。当血糖降低或者胃肠道内容物减少后，刺激传入摄食中枢，抑制饱中枢，兴奋饿中枢，人就感觉饿，于是就有摄食的欲望。

大快朵颐后，血糖开始上升，胃肠道被撑得满满的，刺激传入摄食中枢，抑制饿中枢，兴奋饱中枢，“饱了”当然要停止摄食。复杂情况，就要另当别论了，即使吃过饭了，但当超级美味在眼前，摄食中枢控制不了自己，依然因刺激而兴奋，仍能胃口大开。

长期多食会使人体产生饱感的阈值明显上升。虽然摄入很多食物，都不会产生饱的感觉，还要继续吃。如此发展，胃口会变得越来越大。

◎ 青春期营养摄入要均衡

青春期要有足够的热能供给，三大热能，即蛋白质、脂肪、碳水化合物的比例大致为1：0.8：7.5。强调一下，碳水化合物需要量最大。

每日食糖量不要超过10克。保证摄入足量的维生素A、维生素D以及维生素B_1、维生素B_2、维生素B_{12}及维生素C等。粗糙谷物、蔬菜、水果等富含维生素，每天要吃蔬菜400克～500克，还应多吃绿色或橙黄色蔬菜和水果，如圆白菜、油菜、菜花、土豆等，这些食品富含胡萝卜素、维生素B_1、维生素B_2、维生素C等。

◎ 家人共进一餐饭

即使经常被父母唠叨，也不要放弃和他们共享美食，这样不仅有利于增进亲子之间的感情，还有利于塑造身材。家庭成员经常在一起用餐以及积极的用餐氛围，可以防止青少年出现不健康的体重控制行为。女孩在家用餐往往能培养出较高水平的自尊，而高自尊又是预防身体意向低满意度潜在的、重要的因素。

放下独享美食的愿望，坚持一家人共进一餐饭的习惯，帮助你拥有更完美的身材。

◎ 减体重，有奇招

既能保持体重正常，又能享受美食不饿肚子，胖了又能减下去，人生该是多么幸福啊！有些减体重的小妙招，你可以尝试一下。

1.饭前运动

在东京召开的日本医学总会“饮食与健康”专题讨论会上，京都大学的教授提出，最好的减肥办法是坚持每餐饭前小幅度运动，运动量以体温升高、全身微微出汗为佳。运动结束后，休息10～15分钟再进食。

饭前运动并不意味着吃饱了就躺着，饭后也要适度运动，才能不长赘肉。饭后做些家务，然后走出家门去遛弯儿或者饭后1小时以后去健身房里做运动。养成这样的习惯，一定比窝在沙发里看电视、玩电脑少长赘肉。

即使学习很忙，也要抽出时间锻炼1小时，打篮球、跑步等都能高效地消耗热量。

2.用蓝色餐具吃饭

我们用眼睛这个感受器看到颜色，而后通过视觉神经刺激视丘下部和脑下垂体等，进而影响身体的效应器。蓝色属于冷色调，能降低人的食欲。如果你的体重超标，那么准备一些蓝色的餐具，可以在一定程度上降低食欲。

3.多晒太阳

英国爱丁堡大学和南安普敦大学一项联合研究显示，晒太阳有助于保持身材苗条。研究人员认为，机体适度暴露在紫外线下有助于皮肤释放一氧化氮，一氧化氮是新陈代谢中的重要物质，可减缓发胖的速度，延缓2型糖尿病的发病率。

4.冬季室内健身

你可能不知道，同样的运动，在室外活动比在室内活动要摄入更多的碳水化合物。英国阿伯丁大学和伯明翰大学研究人员把16名肥胖人士作为观察对象，让他们在温度为20℃的室内用跑步机运动45分钟，在8℃的室外运动45分钟，每次运动结束后带他们吃自助餐。根据对饮食摄取量的观察，在寒冷的地方运动后，摄入的碳水化合物比在温暖的地方运动后要多。看来，如果冬季室内运动能一直持续，有利于获得更好的减肥效果。

◎ 做对运动，每天健康一点儿

同是青春期女孩，体形却大不相同，有的健美俊秀，有的却有些臃肿，如果你想拥有健美的体形，那么，就有针对性地进行运动吧！

1.健美形

身体结实健康，个子较高、肩部较宽，肌肉坚实有力。拥有这种身材的女孩可以做各类体育运动，能胜任耐力较强的活动。

2.香蕉形

如果你身体瘦弱，肌肉力量不强，体力不佳，那么，不要一下子就做大强度的运动。运动要循序渐进，先锻炼基本体力，逐渐强化肌肉力量、持久力及身体柔软度，再进行重量练习，参加有氧运动、跳绳、游泳等动态运动。

3.水桶形

身上许多部分都有赘肉，体重过重，骨骼支撑能力弱。拥有这种身材的女孩平时要多做有氧运动，如游泳等，也可以做伸展运动，强化肌肉骨骼。

4.苹果形

体重在标准体重范围内，但上臂部、臀部及腹部到大腿的赘肉超过标准。拥有这种身材的女孩可以打球、游泳、骑马等。运动前，先做做热身运动和体操，强化肌肉力量。

5.海绵形

看起来瘦弱，却有很多赘肉的人，肌肉气量和内脏器官的功能往往不强，体力不好。适合这种体形的运动是步行、爬楼梯、跳绳、游泳等。

青春帖

神经性厌食症和神经性贪食症

对自己的体形不满会引发青少年的消极情绪，促使他们采用极端的方法控制体重，以至于形成饮食障碍，甚至严重地影响生长发育。青少年经常遇到的饮食障碍包括神经性厌食症和神经性贪食症。

1.神经性厌食症

神经性厌食症是一种对生命造成威胁的饮食障碍，其特征是强迫自己挨饿，对发胖有一种强迫性恐惧。

患这类疾病的青少年往往看起来瘦弱，会对体重增加表现出强迫性的焦虑，拒绝保持正常体重，拒不承认体重过低所带来的危险。

神经性厌食症可能会对甲状腺和心脏机能造成损害，而且不能很好地留住钙质，增加了发生骨折的风险。

2.神经性贪食症

神经性贪食症也是一种对生命造成威胁的饮食障碍，其特征是周期性暴饮暴食，然后通过服用大剂量的药物如泻药或催吐剂进行强迫性的呕吐活动。

患这类疾病的青少年体重往往超标，会暴饮暴食，然后再通过自我强迫性呕吐、过度运动或食用泻药来避免体重增加。

由于呕吐和肥胖，容易使患者的食道和牙齿珐琅质受到腐蚀，而青春期肥胖对成年后肥胖有很强的预测作用，使个体将来处于各种因肥胖引起的健康危险中，如糖尿病、心脏病和脑卒中等。

因为对体形极度不满和采用不健康的体重控制策略而导致的饮食障碍，有许多治疗方法，但最有效的方法是家庭的参与。研究显示，父母参与干预的时间越早，饮食障碍持续时间越短，康复越彻底。

---

8 体毛会影响我成为美少女吗

◎ 体毛用处大

毛发是皮肤的附属器官，能吸附脏污和细菌，保持身体皮肤洁净。寒冷天气，体毛能保护身体的柔嫩、敏感部位不受寒冷侵扰，是身体不可缺少的防御卫士。

◎ 面部汗毛

虽然有人早一些，有人晚一些，十三四岁，女孩脸上的汗毛开始生长。面部汗毛的浓密、粗细、覆盖面积以及颜色取决于基因，而且变化持续一生，一般情况下，女孩的汗毛往往较轻。

◎ 阴毛

当青春期女孩的生殖器官逐渐发育成熟时，在外生殖器上和大腿内侧就长出了毛发，刚开始又细又软，逐渐变粗，呈现浓密卷曲的状态，这就是阴毛。

阴毛能够吸收外阴部位分泌的汗和黏液，向周围发散，从而保证外生殖器以及身体的健康。

◎ 腋毛

11岁左右开始生长。人的腋下很容易流汗，腋毛可以帮助吸汗，避免汗水下流，保护腋下重要神经、血管、浅表淋巴结。夏季天气炎热，腋下容易出汗，每天清洗才不会有异味。

◎ 手臂和腿部的汗毛

进入青春期后，女孩手臂和腿部原本很细很软的汗毛可能会稍稍变得粗一些、长一些，大多数人的汗毛不太明显。

◎ 鼻毛

鼻毛在鼻腔中，在一呼一吸中尽职尽责地为人体阻拦大量的灰尘、细菌和异物。如果鼻毛从鼻孔中露出来，可用鼻毛剪修剪，一定不要拔鼻毛。

◎ 阴毛发育的六个阶段

整个青春期，女孩的阴毛发育有六个阶段，每个阶段会呈现不同的形态。

第一期，在10岁以前，尚无可见的阴毛。

第二期，10～11岁，稀疏生长起长而柔软的阴毛，且轻微卷曲。

第三期，12～13岁，阴毛增多，并逐渐密集卷曲，变得粗而黑。

第四期，14～15岁，阴毛扩展覆盖阴唇。

第五期，16～17岁，阴毛扩展到耻骨区，成为成人型。

第六期，18岁，阴毛呈典型的倒三角形，分布于大腿内侧。

青春帖

要脱毛吗

有的青春期女孩毛发较重，导致夏天都不敢穿裙子，于是就想脱毛。其实，这个年龄段不适宜脱毛，青春期毛发的生长很活跃，有可能脱毛后不久，还会长出新的毛发。

9
看你脸，长痘了

◎ 脸形变化大

青春期之前，女孩的脸形比较圆，像红彤彤的苹果；到了青春期，会逐渐变成瓜子形，弧线圆滑，下巴尖尖，很有女人味儿。如果你不信，可以拿出以前的照片，与自己现在的模样进行比较，就能看出差异。

◎ 青春痘为什么“钟情”于青少年

青春痘是一种毛囊皮脂腺的慢性炎症性疾病，由于青春期身体激素分泌旺盛，容易使人内分泌失调。油性皮肤的出油量比其他肤质都多，而且毛孔较粗大，只有做好皮肤清洁才不容易长痘。

◎ 洗脸很关键

脸，一年四季露在外边，风吹日晒，比身体的任何部位都要接受更多灰尘的洗礼，因此，正确洗脸很重要。洗脸的时候最好用温水，选择合适的洗面奶，记住不要用碱性肥皂，更不要用多油脂和刺激性强的化妆品，以免加重病情。

◎ 最简单的控油方法

进入青春期后，如果你是油性皮肤，感觉会更加明显。皮脂腺开始发育，油脂大量出现，如果清洁不当，会堵塞毛孔，形成黑头。

最简单的控油方法就是洗脸的时候使用水龙头或者淋浴喷头清洁面部。洗完脸，用毛巾轻轻按压面部，沾去水分。注意不要用毛巾在脸上揉搓，因为这样容易刺激皮肤，堵塞毛孔。

◎ 有痘，别动手

脸上有痘时，有的人会用手去摸或者挤，这样做是错误的。因为手上容易携带细菌，触碰面部可能刺激产生新的青春痘。用手挤痘痘容易引起化脓发炎，脓疮破溃后形成疤痕和色素沉着，伤及真皮层，留下的凹洞和色斑可能成为终身无法消除的遗憾。

◎ 有痘更要防晒

如果脸上有青春痘，更要注意防晒。因为脸晒到太阳后，紫外线会加深色素斑的痕迹，使脸色看起来不好看。女孩都想皮肤白嫩，为了防止黑斑捣乱，防晒很关键。防晒方法很简单，外出时，避开阳光强烈的时间段，或者戴遮阳帽，或者撑一把遮阳伞，尽量少用防晒乳液或者隔离霜，以免加剧青春痘的症状。

10 日常护肤，有讲究

油脂分泌过多容易造成毛孔阻塞，及时清洁才不至于让皮肤表面附着的灰尘等加重毛孔阻塞，出现青春痘、毛囊炎、毛孔粗大等继发性皮肤问题。油脂可以保护、滋润皮肤，但仍然需要使用具有保湿功效的润肤产品来保持皮肤的润泽，如果皮肤缺水，就会刺激皮脂腺分泌更多的油脂，形成恶性循环。

◎ 少女化妆对健康不利

英国一项研究发现，少女化妆就如同喝下一杯混合各种有毒化学物质的鸡尾酒，可能导致少女患癌症、不孕和严重的内分泌失调。

英国环境工作小组（EWO）针对一批年龄14～19岁的英国少女进行研究，研究结果发现，常化妆的少女体内含有邻苯二甲酸盐、二氯苯氧氯酚、对羟基苯甲酸酯等危险化学物。这些物质普遍被用于制造化妆品，科研人员发现它们或许会导致癌症、内分泌失调，从而引起少女心情抑郁以及早熟。

◎ 可以淡淡地修饰

出席一些正式场合，女孩想让自己漂亮一些，可以适当地化些淡妆。

淡妆可以减轻化妆品对皮脂腺的堵塞程度，防止痤疮的产生或加重。

化妆品在皮肤上停留的时间最好短一些，这样，表皮细胞的气体交换才顺利。化妆后，如果有不适感，应尽快冲洗干净。青春期的面庞，素颜也很美。

◎ 坚持按摩

按摩可使皮肤表层的衰老细胞及时脱落，促进面部血液循环，改善皮肤的呼吸，利用皮脂腺及汗液的分泌增加皮肤营养，增强皮肤深层细胞的活力，从而使皮肤富有光泽和弹性。按摩的方法是：先在脸上涂一些按摩膏，然后用手指顺着面部肌肤的纹理由下而上画圈式进行按摩，每天早晚洗脸时进行，每次按摩10分钟左右。按摩后，用清水洗净擦干，涂上适合的护肤品即可。

◎ 做好防晒防冻

夏天防晒，冬天防冻。夏日出门不要忘了准备一些防晒乳等防护用品，以防皮肤晒伤。美容专家认为，皮肤防晒应从春天开始，因为春天干燥多风，晴天多，云量少，紫外线非常强烈。冬季外出时要涂些油脂或防冻膏，以防面部被冻伤或皲裂。晚上临睡前涂些滋润霜，如果嘴唇干裂，可涂点儿润唇膏，使皮肤保持湿润光泽。

◎ 按皮肤类型护理

油性皮肤、干性皮肤、混合性皮肤表现不同，对营养的需求也不同，女孩最好能根据自己皮肤的类型选择合适的护肤品。

1.油性皮肤

80%的油性皮肤都缺水，勤洗脸、防止灰尘堵塞皮脂腺孔，用温水洗；白天侧重保湿，宜选用不含油脂的精华素，一周用一两次控油面膜；同时少吃或不吃辣椒等刺激性食物，不吸烟，不喝酒。

2.干性皮肤

缺水性干性皮肤需要补水，缺油性干性皮肤需要同时补水和补油。关键是保湿、滋润，选择深层补水面膜，可以多按摩。早晨起床后，先喝一杯水。

3.混合性皮肤

在护肤品的选择上，要尽量选择控油、保湿、滋润三效合一的乳液，这样能迅速滋润干燥部位，降低T区的油脂分泌。一周用一两次面膜，达到深层清洁和补水的目的。

◎ 按皮肤类型洗脸

洗脸是护肤的第一步，用清水简单洗几下肯定不行。即使女孩一整天待在家里，没有接受风吹日晒，皮肤仍会产生污垢、皮脂、汗液等，需要认认真真洗脸。

如果是油性皮肤，毛孔粗大且角质较厚，刚从外面回来，可先用毛巾热敷几分钟，使皮肤血液循环加快，再用洁面皂或者洗面奶打圈清洁面部。干性皮肤用冷水和温水交替洗脸，这样可以促进皮肤血液循环，增加皮肤弹性。

混合性皮肤用冷热水配合洁面用品，重点清洁T区即可。

◎ 混食更易摄入微量元素

皮肤健康离不开微量元素，缺铁可引起缺铁性贫血，逐渐使皮肤变得干燥，脸色苍白甚至发生水肿。缺锌则容易出现皱纹，皮肤粗糙，缺少弹性，还易患痤疮等皮肤疾病。

饮食越丰富，微量元素摄取量越充分。各种食物一起吃，能大大提升微量元素的吸收率。举个例子，大米中的铁吸收率仅为1％，如与肉、肝、绿叶蔬菜混食，则吸收率可提高到10％以上。

◎ 护肤三宝

日常护肤有三宝，不仅简便易行，而且护肤效果良好。

1.多吃蔬菜瓜果

蔬菜瓜果中富含褪黑激素、维生素、水溶性膳食纤维，能抗衰老，促进皮肤代谢。

2.经常运动

运动时身体会排汗，皮肤毛孔中的废物、毒素以及多余的油脂就会随着汗液排出体外。运动还能加速血液循环，血液中的氧气和水分就能更有效地送达皮肤细胞，使皮肤营养充分有光泽。

3.保证充足睡眠

睡眠能促进皮肤的新陈代谢，保证皮肤细胞的营养供给，让皮肤更有光泽，使人看起来更年轻。

PART 04

女生的秘密：月经来了

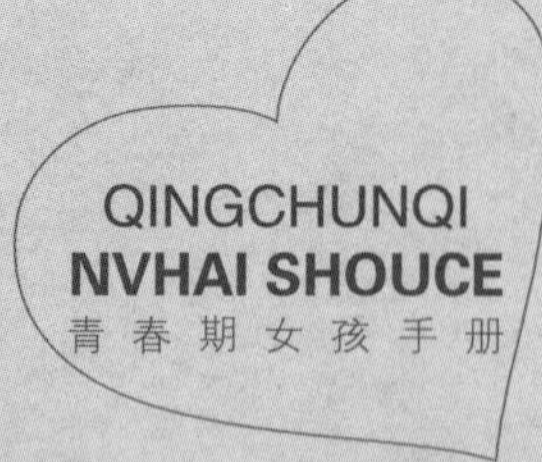

QINGCHUNQI
NVHAI SHOUCE
青春期女孩手册

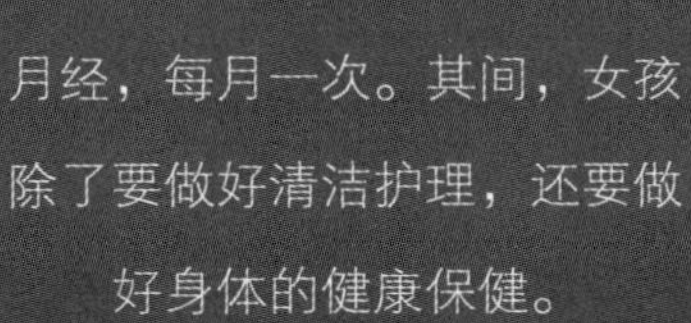
月经，每月一次。其间，女孩
除了要做好清洁护理，还要做
好身体的健康保健。

1 关于月经的基本常识

◎ 什么是月经

育龄女性每隔一个月左右，子宫内膜发生一次自主增厚、血管增生、腺体生长分泌以及子宫内膜崩溃脱落并伴随出血的周期性变化。这种周期性阴道排血或子宫出血现象，称月经。

◎ 月经的样子

经血不凝固，呈暗红色，且其中混有一部分很重要的物质，即剥落后的子宫内膜碎片，以及宫颈黏液、阴道上皮细胞。

◎ 月经周期

随着青春期的到来，女孩会出现阴道的周期性出血，一般为每月一次，计算月经周期应包括月经来潮的时间。在正常情况下，月经周期一般在22～32天，多数约为28天，正常月经持续时间一般是3～7天，但大多为4～5天。

◎ 预防经期阴道炎

青春期女孩第一次来月经，即初潮，由于可能不懂护理知识，还很羞涩，处理不好经期卫生。比如，清洗不及时、用了质量不合格的卫生巾等，导致细菌滋生，可能引起阴道炎。为了避免出现这样的情况，妈妈应该在女儿初潮前教给她正确的护理知识，并告诉她卫生巾等的购买和使用常识。

2 月经来潮可能对身体造成的影响

◎ 经前期综合征

月经到来前，女孩会有一些身心反应，具体表现为以精神症状为主的常见神经敏感，烦躁易怒，全身疲乏无力，有时会引起头痛、失眠、精力不集中等；以躯体症状为主的常见手脚颜面水肿，腹部胀气感，大多数女孩会有便秘现象、小腹坠痛和乳房胀痛等。

◎ 月经性哮喘

月经前后，因雌激素分泌紊乱可致肾上腺激素减少、乙酰胆碱分泌增多，导致支气管痉挛，诱发哮喘，会有不同程度的失眠、烦躁、乳房胀痛等症状，被称为月经性哮喘。

一旦于月经期前和月经期中有胸闷、轻咳和喘息等哮喘发作先兆，应立即采取半坐卧姿势，使全身放松、情绪稳定，同时喝一杯热水，以湿润呼吸道。如果医生根据病情开了相应的药物，就要按照医嘱服用，抑制发作先兆，避免严重发作。

◎ 月经来潮会对视力造成影响

每当月经来潮时，有人会出现视觉疲劳、视物模糊等现象，屈光不正、慢性结膜炎患者的症状在这个阶段也会加重。不少人在经期前出现黑眼圈，发生睑缘炎、睑腺炎等，少数人还会出现结膜下出血、生理盲点扩大等症状。

不过，这些现象大都较为轻微，月经过后很快就会消失，不用过于担心。

3
痛经

◎ 痛经的常见原因

痛经指经期前后或行经期间，出现下腹部痉挛性疼痛，并有全身不适，严重影响日常生活。比较常见的是小腹、腰部或骶骨有压迫感，似隐痛、酸痛或剧痛。

青春期女孩发生痛经的常见原因如下：

子宫内膜分泌前列腺素过多，会使子宫肌纤维发生强烈的痉挛性收缩，从而引发疼痛。

行经时精神过度紧张、情绪波动很大，身体虚弱，缺少锻炼，又对疼痛颇为敏感。

以上原发性痛经无器质性病变，病情会因女性结婚或生子而缓解，如果婚后反而加剧，应及时就医。

◎ 长时间坐着不动会加剧痛经症状

有的女孩因痛经而长时间坐在教室保持同一姿势，殊不知这样做会让相关部位血流停滞，血液循环变差。腹部、腰部的肌肉僵硬，也会让痛经变得更严重。

◎ 经期别着凉

身体感到寒冷，体温较低时，会促进前列腺素分泌，子宫平滑肌收缩加剧，痛经会更严重。经期不要着凉，注意肚子、腰、背部的保暖。洗个热水澡，让身体变暖，促进血液循环，也能减轻疼痛。另外，可以多喝一些热水。

4 月经失调是个大问题

◎ 月经失调

月经失调，表现为月经周期或出血量的异常，或是月经前、经期时的腹痛及全身症状。根据医学定义，每隔21～35天来一次月经，就是正常和有规律性的经期。少于或多于这个期限，如每十四五天就来一次，或拖到40多天才来一次，那就属于不正常。正常的流血量应该少于80毫升。

◎ 月经会有几年不规律

在初潮后最初几年里，一些女孩的月经不规律，几年后月经才会以一定的规律按时出现，这很正常。在青春期，下丘脑—垂体—卵巢轴的神经内分泌调节功能尚未完全成熟，无法按月排卵，导致月经不规律。

◎ 多囊卵巢综合征

青春期月经不调可能是患了多囊卵巢综合征。这是一种多病因、表现不均一的慢性病。如果女孩除了月经不调，还出现月经稀发、肥胖、体毛多、长痤疮等症状，就要及时治疗，一旦延误了病情，可能会导致不孕。

5
选对卫生巾

◎ 用对卫生巾

卫生巾种类多，只有选择恰当，使用起来才会更方便。如果月经量很大，白天可用护翼型，晚间可用夜用型；月经量一般时，可使用标准型；月经前后期可使用超薄型或护垫。

◎ 棉质表面卫生巾更适合皮肤敏感的女性

棉质卫生巾由吸收性强、蓬松性好的绒毛浆制作，与肌肤更具亲和力，渗透性和透气性也相对较好，不会锁住热气，产生异味，能够保持女性私密处的清洁与干燥，有效减少过敏等不适症状。

现在很多卫生巾是干爽网面的，吸收快，但网面多由纤维制成，皮肤敏感的女孩可能会过敏，应根据个人情况谨慎使用。

◎ 两小时换一片卫生巾

即使你选择的卫生巾吸湿量大，也最好两小时换一片。娇嫩的皮肤需要一个透气的环境，如果封闭得太严实，湿气聚集，就容易滋生病菌，影响皮肤健康。

◎ 快速选对一款卫生巾

经期女生的私密处很敏感，更容易感染细菌，选对卫生巾，保护更周到。

第一，去大型商场或者超市购买，选择质量有保证的大品牌卫生巾，然后根据功能需要选择类别，如夜用型、日用型、标准型、超薄型等。

第二，如果有常用的品牌和类别，直接选择购买就行了。

第三，看清生产日期，如果是最新生产的，又促销，可以适当多买一些。但是，要记得放在干燥清洁的环境里，别沾染灰尘、别受潮。

◎ 慎用药物卫生巾

少女最好不要使用药物卫生巾，以免降低私密处的自我免疫和清洁功能，进而受到细菌的侵害。

◎ 警惕香味卫生巾

女孩爱香味，很容易被玫瑰香型、茉莉香型、柠檬香型、薄荷香型等香味卫生巾吸引。你知道吗？这些卫生巾添加的不同类型的药物、香精或添加剂可能会对私密处的健康造成影响。

6
经期饮食注意事项

◎ 经期免疫力下降

经期，受内分泌影响，大脑皮层兴奋性降低，免疫力下降，容易感染和诱发疾病。

经期盆腔充血，子宫内膜脱落时宫腔形成一些伤口，平时紧闭的宫口在经期稍张开，病菌容易侵入。

经期阴道酸度降低，自洁功能减弱，不利于消灭病菌，加之月经又可促使病菌生长繁殖。因此，女孩到了经期，要比平时格外注意饮食、讲究卫生。

◎ 经期到来前，补充微量元素

国外医学界一项新的研究表明，维生素和微量元素有助于减缓或消除女性痛经之苦。

经期到来前，稍稍有腹痛及紧张感的时候，食用一些富含维生素和微量元素的食物。B族维生素对经前期综合征有显著疗效，最重要的是维生素B_6。它能够稳定情绪，帮助睡眠，使人精力充沛，同时也能减轻腹部疼痛。

钾能缓和情绪、抑制疼痛、防止感染，并减少经期失血量。月经后期，镁元素还能起到心理调节作用，有助于身体放松，消除紧张情绪，减少压力。

女孩可以在睡前喝一杯加了蜂蜜的热牛奶，能在一定程度上缓解痛经。

◎ 经期多喝水

月经期间多喝温水，更利于排出体内多余的垃圾，而且可以保持大便通畅，减少盆腔充血。

◎ 经期吃红豆

月经来潮的时候，因为失血而使血液中的血浆蛋白、铁、钾、钙、镁等有所损失，进食一碗红豆沙、红豆汤或者红豆粥，既美容又补血。

◎ 月经后期多喝红糖水

中医认为，红糖性温、味甘，入脾经。红糖具有和脾缓肝、补血、活血、通瘀以及排泄恶露的功效。月经后期多喝红糖水，有助于排出毒素、瘀血，可让身体温暖，增加能量，活络气血，促进血液循环，月经也会排得较为顺畅。

PART 05

性，了解才知珍重

性知识，对青春期女孩来说是必须了解的内容。只有了解了，才能更好地保护自己，顺利地度过青春期。

◎ 性行为

性行为一般是指生物为了繁殖后代、满足性欲等而进行的与性有关的行为。性行为不仅指性交，还包括接吻、爱抚、自慰等。

◎ 想看性感男性图片

当女孩进入青春期后，往往会产生看性感男性图片的想法。不管是在网络上还是在纸质媒体上，都会关注这类图片，这是青春期心理发展的正常表现，不必过于不安。但要注意不可过分沉迷于其中，要保持健康的性心理。

◎ 了解性传播疾病

进入青春期后，女孩的性渴望增强，为了更好地保护自己，提高自控力，有必要了解一下性行为可能导致的性传播疾病。

1976年，世界卫生组织把通过性交或类似行为传染的疾病统称为性传播疾病。性传播疾病除了包括梅毒、淋病、软下疳、性病性淋巴肉芽肿、腹股沟肉芽肿五种外，几乎涉及医学微生物全部范围内的疾病。主要包括：

细菌性疾病：梅毒、淋病、软下疳、腹股沟肉芽肿等。

病毒性疾病：艾滋病、生殖器疱疹、尖锐湿疣等。

真菌性疾病：生殖器念珠菌病等。

衣原性疾病：性病性肉芽肿、非淋菌性尿道炎等。

昆虫性疾病：滴虫病、疥疮、阴虱等。

◎ 性传播疾病危害大

性传播疾病首先危害女孩的身体健康，淋病和非淋菌性尿道炎治疗不及时会导致腹膜炎、输卵管积脓和盆腔脓肿。梅毒不仅侵犯皮肤及黏膜，还侵犯全身脏器，如心血管等。梅毒导致主动脉炎、主动脉闭锁不全、主动脉瘤、冠状动脉狭窄等。

其次，危害女孩心理健康。不管得了哪种病，都会带来身体上的不适。这种不能对人言说的疾病，只能放到心里，治疗周期长，或者反复发作，都会使精神压力变得更大。

2
女孩要了解怀孕

◎ 如何确定怀孕了

尽早觉察到怀孕，可以用早早孕hCG检测试纸来检测，性生活8天后，即可检测。如果没有检测出来，月经迟来一到两周还要做检测；如果等到妊娠4周以后再做检查，结果往往更加可靠。在家检测时，晨尿的准确率更高。还有一些症状也属于早孕反应，如停经、易产生疲惫感、乳房胀痛、呕吐等。

◎ 犯错的代价：愧对生命

一般来说，性交后就有可能怀孕，来自女性的卵子与来自男性的精子一旦结合，一个新生命就形成了。这个生命本该是美好爱情的结晶，但是由于他来得不是时候，只能被放弃，女孩会为此感到愧疚。

◎ 流产不当，代价大

施行人工流产手术需要到专业医院进行，医生根据患者的身体健康状况、有无药物过敏史、孕期长短、经B超检查有无宫外孕等情况，最终确定适合患者身体状况的手术方法。

但是，出于经济或者保密的原因，女孩会选择到小诊所去做手术，小诊所可能存在器械消毒不严格、医生的业务水平不高、检查不够全面等问题，造成盆腔炎、宫颈炎等，严重的还会导致终身不孕。

可见，怀孕后做人工流产手术会给女孩的身心造成很大的伤害，所以，女孩一定要懂得保护自己，不因一时冲动做出令自己后悔的事情。

◎ 女孩不具备术后恢复的条件

人工流产手术后，需要休息和保养，如果女孩偷偷地做手术，很难获得良好的休养条件。

1.休养

术后两周内，适当卧床休息，不要过度劳累或做重体力劳动。两周的时间，没有精力学习，耽误课程怎么办；怎么跟老师交代；不告诉父母，如何得到良好的照顾……这些问题都会给女孩带来困扰。

2.卫生

术后两周内或阴道流血未干净前不要坐浴；未经医生许可，不要洗澡；保持外阴部清洁卫生，勤换卫生巾等，如果不清楚术后注意事项，也会给身体的恢复带来不利影响。

◎ 了解基本的避孕常识

为避免怀孕给女孩带来的身心伤害，了解一些基本的避孕常识是十分必要的。

1.口服避孕药

避孕药比较安全，对人体代谢的影响也较小。美国研究人员在过去几年中，针对目前市面上最常见的44种避孕药进行了深入分析。结果显示，没有证据表明服用避孕药会导致人的体重增加。

2.避孕套

虽然避孕套不能保证百分之百不怀孕，但如果使用正确，基本能达到避孕效果。避孕套的尺寸要合适，太大的避孕套容易脱落，太小的避孕套有不适感，一般先选择中号，如不合适再根据个人情况选择大号或小号。

3 自慰

所谓自慰行为，是指在没有异性参与时所有自我进行的满足性欲的活动。当一个人性能量积聚到一定程度，就会有性兴奋，自慰就成了一件自然而然的事情。女孩要知道自慰是性需要的满足，而不是引发性兴奋或对付烦恼和填补空虚的方式。自慰能使受抑制的性欲和性冲动得到释放，适度不沉迷，更有利于女孩踏实学习。

◎ 自慰最常见的三种形式

自慰有三种常见的形式，对青春期女孩来说，了解了就不会疑惑、纠结。

1.性幻想

性幻想是指在清醒状态下对不能实现的与性有关事件的想象。青春期女孩对异性有着强烈的爱慕和渴望，但又不能与所爱慕的异性发生性行为以满足自己的欲望。入睡前或者闲时躺在床上不由自主地反复想象影视剧的镜头或者书本上描述的爱情故事，也会重新组合，虚构一个和男孩在一起的故事，以达到自我安慰。

2.性梦

性梦是指在睡梦中与异性发生性行为，达到性满足的现象。这是青春期性发育的正常心理现象。据国外资料报道，性梦的发生率男性高于女性；男性多发于青春期，女性多发于青春后期。

3.手淫

手淫是指通过自我抚弄或刺激性器官而产生性兴奋或性高潮的一种行为，这种刺激可以通过手或某种物体来诱导发生。

◎ 赶走过度的性幻想

脑海里不断出现性的画面，要接受它，这是正常的性宣泄的方式，但不能因此而影响学习。当自己频繁地想入非非时，可以对自己说：“青春期到了，我有这样的想法很正常。现在，我要放下，认真地看书。”

◎ 偶尔会情不自禁

20世纪50年代后期，金赛研究了1.6万例美国男女的性行为，指出92％的男性和58％的女性有自慰行为，而且没有产生恶性后果。自此以后，人们即改变了自慰有害的看法。

女孩要懂得，偶尔自慰能缓解性压力，对身体也没有害处，不要为此而恐惧。偶尔有需要发泄一次不要有心理压力，更不要觉得自己堕落了。

◎ 自慰后，放松

随着学术研究的发展，人们已经不再把自慰行为看作心理或生理的疾病。自慰是正常的生理和心理现象，只要适度，对健康和正常的心理发育都不会造成影响。

对待自慰的态度，医学专家吴阶平教授说："不以好奇去开始，不以发生而烦恼，已成习惯要有克服的决心，克服以后就不再担心，这样便不会有任何不良后果。"即使自慰了，也不要后悔、羞愧、担心、忧郁，这些负面情绪很影响生活和学习，放松心情，做自己该做的事情。

◎ 如何判断是否自慰过度

过度自慰会使大脑的性中枢经常处于兴奋状态，长此以往，就会影响正常的性功能。

如何判断是否自慰过度？

1.看体质

如果自慰后出现体倦乏力、消瘦、精神萎靡、失眠、记忆力减退、注意力不集中，甚至容易患病等，说明自慰过度。自慰次数不多，但因恐惧、悔恨使精神负担过重，出现神经衰弱症状，也应视为自慰过度的表现。

2.迷恋程度

每逢看小说、影视引起性冲动，就有自慰的欲念或者进行自慰，就属于过度。

3.性器官是否感到不适

自慰时或自慰后，性器官出现隐痛、麻木等不适的感觉，或者自慰后经常出现排尿不适或尿道烧灼样不适现象，都是自慰过度的表现。

4.性反应是否变化

如果自慰达到性高潮所需的时间一次比一次延长，或者自慰刺激的强度一次比一次增加才能达到性高潮，则表示自慰过度。

◎ 过度自慰导致疾病

自慰需要控制，否则机械性刺激摩擦外阴部的动作不但会直接刺激尿道口，造成尿道口充血与水肿，而且不洁自慰很容易造成细菌等病原体侵入尿道内，引起发炎。若因过度自慰而导致疾病发生，应及时去医院治疗。

◎ 管住自己，不过度自慰

为了避免一次又一次不可抑制地自慰，女孩需要控制一下自己，把心思放到别的事情上。

1.坚持体育锻炼，心猿意马时，马上去做运动。

2.爱学习，把精力放在学习上，获取知识后的满足感能提升学习的主动性，没时间想入非非。

3.闲时避免独处，约几个好友，大家一起聊天、听歌、运动，分散注意力。

4.多阅读一些高质量图书，不看内容低级、庸俗的图书。

5.养成有规律的作息习惯，睡觉时换上宽松的内衣，不要俯卧，手不要放在私密处或者乳房处，而是自然地垂放在身体两侧。

6.不要加入经常聊性的微信群或者QQ群，以免引发情绪。

4
正确区分性和爱

◎ 对男生的身体充满好奇

性欲的产生与性功能活动是复杂的神经反射过程，引起性中枢兴奋的根源主要在性激素。受性激素的影响，男孩、女孩进入青春期后逐渐意识到两性关系，对异性会有朦朦胧胧的期待和好奇，渴望接触和了解。

随着女孩性心理的觉醒和发展，会对男生的身体充满好奇。球场上，见到男生矫健的身姿，会忍不住多看几眼；睡前，脑子里会出现某个酷帅男模……想想没什么，但女生要记得，即使你幻想的主角是某一位同学，也不要断定这就是爱，只是性心理发展的正常表现。

◎ “色”非不正经

雌激素大量分泌促使女孩成长为女人，性器官不断地发育，趋于成熟，就有了性渴望，对男孩的生理结构充满好奇，猜想性行为的感受。这些都是生理发育和心理发展的正常现象，不要认为这些是不正经的想法，否则会对自身出现的性欲体验感到迷惑、恐惧、焦虑，甚至产生罪恶感。

◎ 性道德

性行为本身具有相当程度的生物性和本能冲动性，进入青春期后，女孩在外界刺激下很可能有性方面的好奇和冲动，但是本着自我尊重、自我爱护的原则，不可以肆意妄为。女孩有了性道德，就能够控制住自己的行为。

随意与人发生性行为、性交易等是违背性道德的做法，影响社会秩序、伤害自身的形象和健康。没有性道德，一方面，无法正确控制性生理本能表现出的性要求，造成对他人的骚扰和对社会的不良影响；另一方面，不利于恋爱、婚姻，影响生活幸福。

◎ 听听朋友的说法，远离绯闻

对女孩来说，校园绯闻没什么好处。避免绯闻，可以减少不必要的烦恼。

俗话说："当局者迷，旁观者清。"要想知道自己与异性的交往是否有暧昧，可以听听朋友与周围同学的意见。当有人说自己与异性的交往不寻常、看起来很特别时，就应对交往的过程进行反思，有时可能在某些方面做得不妥或超出了范围，那就要及时改正，使交往回复正常的范围，让自己远离校园绯闻。

◎ 远离男孩身体，别产生暧昧关系

进入青春期后，女孩对性很敏感，这是正常的身体感觉及心理反应，但要控制。当男孩穿着较暴露的时候，快速远离；不要看与色情相关的图片、文字、视频等，以免受到不良暗示和影响；与男孩交往时，保持适当的距离，消除产生暧昧关系的可能。

5
防范性侵犯

◎ 什么是性侵犯

性侵犯泛指一切与性相关，且违反他人意愿，对他人做出与性有关的行为。它包括强制性交、强迫亲吻、性骚扰、非礼等。

◎ 什么是性骚扰

性骚扰指以性欲为出发点的骚扰，以带性暗示的言语或动作针对被骚扰对象，通常是加害者肢体触碰受害者性别特征部位，妨碍受害者行为自由并引发受害者抗拒反应。

◎ 青春期女孩更易成为被骚扰对象

有关专家认为，这些人之所以选择青春期女孩下手，一是因为青春期女孩比成人防御心理薄弱；二是因为她们正处于青春发育期，身体的变化让这些人更加有欲望。

◎ 性骚扰的常见形式

女孩了解性骚扰的常见形式，一遇到骚扰就能及时反应过来，果断处理，可以避免进一步受到伤害。

1.语言挑逗

谈论人体或者书中、影视剧中的生殖器官、性爱活动、性体验以及个人性隐私等内容，甚至向女性提出性方面的要求，使女性感到难堪、羞辱。

2.身体顶触

站在或者跟在女生身后，趁其不注意用性器官对其臀部进行顶撞，发泄。在公交车上、拥挤的户外，这种情况发生较多。

3.盯视女性

用不怀好意的目光长时间地盯视女性身体的某个部位，把女性看得很不好意思，他还觉得很享受。

4.下流动作

有意无意地暴露自己的性器官，撒尿，或对不认识的女性做飞吻、性爱等动作。

◎ 应对性骚扰或者性侵犯的方法

无论是性骚扰还是性侵犯，只要你掌握了正确的应对方法，就能有效地保护自己。

1.快速离开现场

能躲开则躲开。如果发现对方非正常人，尽量不要跟他有什么语言或身体上的对峙，走为上策，如果实在走不开，则应立即报警。

2.大声呵斥

如果对方总是盯着你看或者说些下流的话，要大声呵斥，让对方知难而退；如果对方仍不收敛，可以注视对方假装给朋友打电话，让其有所顾忌，选择收手。

3.求助

如果在特定的环境下，总是被同一个人骚扰，可能会发生严重的性侵犯，女孩要及时向父母或者警方求助。

◎ 快速识别侵犯者

快步上前跟你搭讪的陌生男人、不怀好意的尾随者、眼睛四处搜寻女生的男人、站在暗处冲你招手的男人，在陌生的环境里或者天黑没人的时候，他们都是“危险人物”，小心防范，不要靠近，快速离开。

PART 06

养成良好生活习惯，做好卫生保健

青春期是一些疾病的高发期，比如，牙龈炎、牙周炎、近视眼等，女孩要注意养成良好的生活习惯，做好卫生保健，才会让自己更健康。

1
保护好牙齿

◎ 青春期牙龈炎

如果牙龈充血、发红、肿胀，刷牙或咬硬物时出血明显，多属青春期牙龈炎。进入青春期后，有的人恒牙排列不整齐，如果刷牙马马虎虎，就容易使牙齿上产生牙菌斑，这种引起牙龈组织炎症的细菌团块在牙齿周围滞留，会罹患牙龈炎。牙龈炎治疗不及时就会导致牙周病。

青春期内分泌水平变化大，当人体血液循环中的性激素作用于牙龈组织，使其对于细菌刺激的反应加重，少量的细菌刺激就有可能导致较为严重的牙龈炎症。

◎ 好好刷牙

早晚必须刷牙、漱口。每餐饭后最好能漱口。每次刷牙时间不少于3分钟。睡前刷牙后，不再吃任何东西，保持一整晚的口腔卫生。

刷牙的时候，置刷毛毛尖与牙齿牙龈面成45°而轻度加压，刷毛顶端部分进入龈沟，而部分在沟外，然后做前后向颤动6～8次，颤动时刷毛轻微移动。上颌牙由上向下刷，下颌牙由下向上刷，各部位重复10次左右，里外刷法相同。

刷上前牙腭面和下前牙舌面时，可将刷头竖立，上牙由上向下刷，下牙由下向上刷。

刷上下牙咬合面时，将牙刷置于牙齿咬合面上，稍用力以水平方向来回刷，清洁牙齿咬合面的窝沟点隙。

刷牙的时候一定不要着急，以免有遗漏的区域；更不要图快，只刷牙齿的外面，清洁不够彻底，还会留下隐患。

◎ 选一个好牙刷

保健牙刷刷毛柔软，刷面平坦，刷头不大，刷毛尖端磨圆，既能有效地消除牙菌斑，又不损伤牙齿和牙龈。牙刷柄和刷毛最好呈垂直或几近垂直状。

◎ 如何使用电动牙刷

电动牙刷带有的计时器功能，可以帮助我们更有效地刷牙。一般来说，两分钟的刷牙时间，每30秒会有一个短暂的停顿提醒。把牙齿分为上牙外侧、上牙内侧、下牙外侧、下牙内侧四个区域依次清洁，每个区域30秒。

在使用声波电动牙刷时，以小角度将刷毛对准牙龈线放在牙齿上，然后开启开关。在刷牙过程中轻轻用一点儿力，让声波震动牙刷产生流动洁力来刷牙。在刷牙的过程中，将刷头在牙齿间来回小幅度缓慢移动，这样能让长刷毛充分清洁牙缝。

◎ 牙齿矫正的适合期

有的女孩牙齿存在排列不齐、牙位拥挤、错颌等情况，进入青春期后，可以考虑矫正。青春期女孩的牙弓、颌骨处于发育阶段，可塑性很大，适合牙颌畸形矫正。

2
青春期易患牙周炎

◎ 牙菌斑是导致牙周炎的主要因素

牙菌斑是基质包裹的互相黏附或黏附于牙面、牙间或修复体表面的软而未矿化的细菌性群体，是一种不能被水冲去或漱掉的细菌性生物膜。牙菌斑如果不及时清理就会钙化，形成牙石；形成牙石之后，就不能用日常口腔护理方法来清除了。

12岁以后，口里换成一副新牙，如果不及时刷牙，牙菌斑会牢固地黏附在牙齿表面，产酸引起牙质脱钙龋坏，也可以因其毒物或代谢产物刺激牙周组织而造成牙周病。

青春期女孩牙齿保健重在预防牙菌斑，一旦刷牙时有出血现象，就应去看牙医，他们能教会你彻底清除牙菌斑的方法，如正确地刷牙和使用牙线等。

◎ 牙周炎

牙周炎是由牙菌斑中的微生物所引起的牙周支持组织的慢性感染性疾病。最常见的症状是：刷牙的时候、咬食物的时候出血，有的患者早晨起来唾液带血；牙龈发炎；口腔异味；有牙周袋，牙龈与牙面分开形成袋子；牙齿松动和移位等。

◎ 牙周炎到底有多恐怖

患牙周炎后，会有口臭、牙龈红肿等现象，情况严重的会牙龈萎缩、牙缝阔大，甚至整颗牙齿松动、脱落。食入甜食、凉食的时候，牙齿、牙龈部位会疼痛。更严重的情况是咀嚼变得无力，这样的牙齿不利于饮食，大大降低了生活质量，影响健康。

心脏病人如果患有牙周炎，心梗发生率会提高2～3倍。

◎ 牙齿不齐易患牙周炎

排列不齐、咬合不好的牙齿，咀嚼食物时个别牙齿错位，承受的力量过大，容易引起牙周负担过多而发生牙周疾患，出现牙龈红肿、牙龈萎缩、牙根不断外露等症状。这些错位牙因长期受创伤性咬合，有可能引起该牙牙龈坏死，其后牙齿变色，若不及时治疗，可造成慢性牙周炎而出现瘘管。

◎ 青春期牙周炎的表现

青春期牙周炎好发部位为第一恒磨牙和上下切牙，而尖牙和前磨牙区很少受累，发病多为左右对称。在牙龈炎症不明显的情况下，切牙和第一恒磨牙可出现松动、移动，切牙向唇侧及远中移位，出现牙间隙，呈扇形排列，上切牙多见，后牙可出现不同程度的食物嵌塞。

◎ 早防牙周炎

牙周炎难治在于不是吃点儿药就好，而是需要一个非常复杂的治疗过程，非常耗费时间和精力。另外，还容易反复。青少年学习时间宝贵，如果患上牙周炎，不仅痛苦，而且耽误学习，所以还是早做预防为好。

1.再热也要少吃冷饮

夏季吃冷饮，强烈的冷热刺激使得身体抵抗力下降，容易引发牙周炎、龋齿。

2.常塞牙要治疗

如果平时吃饭常塞牙，表明牙齿可能存在问题，要及时就医治疗。同时，避免使用牙签反复剔牙，以免损伤牙龈。

3.饭后漱口

饭后或者喝完饮料、吃完水果后，要及时漱口。用淡盐水或者绿茶水漱口，有一定的消炎作用。

3
一直被忽视，很是伤不起：视力

◎ 视力差，拖学习的后腿

眼睛是心灵的窗户。视力不够好，看到的便是一个不够清晰的世界，领会的内容也很有限。研究发现，观察力较强的学生，在学习中更能占据优势。他们能快速地把所见情景提纲挈领地映入脑海，很快地发现中心内容，准确地记忆或者运用知识要点。视力不好，观察力不强，学习起来就会相对困难。

◎ 青春期是视力下降的高发期

近视眼多数在人们步入青春发育期开始，随着身体生长发育而加深，也随着生长发育停止而停止。青春期女孩要注意用眼卫生，保护视力。

◎ 近视前驱综合征

视力下降不是一瞬间发生的事情，而是悄悄地降临，等到发现自己视物模糊时，问题已经出现了。及时察觉视力下降，是保护眼睛的关键环节。在视力减退之前，会有一些信号。据眼科专家统计：近视眼发生的先兆症状40％表现在敏感的三叉神经系统和自主神经系统。

最普遍的前期表现是什么呢?

1.眼睛疲劳

看书时间长了，字迹就会重叠串行，抬头再看面前的物体，有若即若离、浮动不稳的感觉。有些人在远望久了之后再将目光移向近处物体，或看近处物体久了之后再将目光移向远处物体，眼前会出现短暂的模糊不清现象。这些都是眼睛睫状肌调节失灵的表现，由眼疲劳所致。

有的孩子会反复发生睑板腺囊肿、睑腺炎或睑缘炎，他们的视力虽然可达到1.0以上，但已经具有了发展为近视眼的可能。

2.知觉过敏

近视发生前，许多人还伴有眼睛灼热、发痒、干涩、胀痛，重者疼痛向眼眶深部扩散，甚至引起偏头痛，亦可引起枕部、颈项、肩背部的酸痛，这是由于眼部的感觉神经发生疲劳性知觉过敏所致。

3.神经失调

女孩突然对学习产生厌烦情绪，听课时注意力不够集中，反应也有些迟钝，脾气变得急躁，对原来喜爱的事物缺乏兴趣，学习成绩下降。晚上睡眠时多梦、多汗，身体容易倦怠，且有眩晕、食欲不振等症状。

◎ 假性近视发生后必须保护视力

在眼睛问题上，女孩不要马虎大意，发觉视力下降后，去医院确认一下，是真性近视还是假性近视，大多数患近视眼的青少年都属假性近视。

假性近视发生后，需要保护视力，避免长时间、近距离地看东西。否则，睫状肌痉挛不能解除，晶状体不能恢复到正常位置，眼睛前后轴变长，就成了真性近视，到那时就很难恢复了。

◎ 保护眼睛7个“不”

保护眼睛，在于平时养成良好的用眼习惯，以下7点要做到。

1.不躺着看书

平时阅读或书写，应保持正确姿势。

2.不趴着写字或看书

桌椅高低要合适，眼与读物之间要保持33厘米左右的距离。

3.光线不要太强或太暗

光线太强或太暗都属于光线不佳，在这样的条件下，眼睛会过度调节，时间长了，就会对视力造成影响，所以要在合适的光线下学习。

4.眼睛不正对灯光

晚上，读书或者写作业的时候，灯光应在左前方，以避免阴影妨碍视线，而且最好使用护眼灯。

5.不连续长时间看书

长时间看书容易疲劳，学习一会儿，就站起来走走，往远处看看，多看大自然的风景。

6.不看字号太小或印刷不清的读物

看字号太小或印刷不清的读物，很容易造成用眼疲劳，长此以往可能会导致近视。

7.不长时间玩电脑、看电视

杜绝一边写作业一边看手机。使用电脑时，最好不要连续超过1小时，眼睛平视或稍向下看屏幕。

◎ 常做眼保健操

眼疲劳是近视发生的前兆，眼保健操是依据推拿、经络理论，结合体育医疗综合而成的按摩法，做眼保健操能够调整眼及头部的血液循环，调节肌肉状态，改善眼疲劳。

1.按揉攒竹穴

攒竹穴：位于面部，眉毛内侧边缘凹陷处。

用双手大拇指轻轻按揉攒竹穴。

2.按压睛明穴

睛明穴：位于面部，内眼角稍上方凹陷处。

用一只手的大拇指轻轻按压睛明穴，有节奏地上下按压穴位。

3.按揉四白穴

四白穴：位于人体面部，双眼平视时，瞳孔正中央下约2厘米处。

用双手食指揉按面颊中央部的四白穴。

4.按揉太阳穴、刮上眼眶

太阳穴：位于颞部，在眉梢与目外眦之间，向后约一横指的凹陷处。

用拇指按压太阳穴，然后弯曲食指，用第二节内侧面稍用力从眉头刮至眉梢。

5.按揉风池穴

风池穴：位于颈部，枕骨之下，两条大筋外侧陷窝中。

用双手食指和中指分别按在两侧穴位上，有节奏地按揉该穴位。

6.揉捏耳垂、脚趾抓地

用双手大拇指和食指捏住耳垂正中的眼穴，有节奏地揉捏，同时做脚趾抓地动作。

◎ 给眼睛特别的爱：维生素A

维生素A是视觉细胞中感受弱光的视紫红质的组成成分。人体缺乏维生素A，会影响暗适应能力，导致干眼症、夜盲症等。

女孩要注意摄入两类食物补充维生素A。一类是富含能被人体利用的维生素A的食物，它们主要存在于动物肝脏、奶、奶制品及鸡蛋中；另一类是深色蔬菜，如胡萝卜、青椒、菠菜、苋菜等，它们含有丰富的胡萝卜素，胡萝卜素在肝脏中可以转化为维生素A。

4
翻来覆去睡不着：失眠

◎ 青春期易失眠

一项流行病学的研究，针对1014位13～16岁的青少年所进行的访谈结果显示，有三分之一的青少年在生活中会出现失眠的现象。

这个年龄本该是睡不够的阶段，怎么会失眠呢？

青春期孩子情感细腻，心事多，由于身体和心理上的巨大变化，会产生一些困惑和焦虑，所以出现了失眠的现象。

对于未来的恐惧，以及自我认识的不足，无法做到从容应对各种变化，常常会感到迷茫和不知所措；再加上很少与父母沟通，无法找到解决问题的办法，这些往往会加重失眠的症状。

青春期孩子不仅要面对自身的各种变化，还要面对学业的压力。高强度的学业压力、家长的过度强调以及社会压力等，容易使孩子神经衰弱，导致失眠。

◎ 睡眠不足代价大

每到夜晚时分，人体的副交感神经处于优势，机体处于休战状态，合成代谢加速，能量蓄积，损伤的器官得以恢复。不睡觉，除了身体无法除旧迎新，感到疲劳外，还会增加患感冒、胃肠疾病、肥胖、糖尿病、高血压、脑卒中、心脑血管疾病、神经衰弱、抑郁症的概率。

科学家研究表明，可根据青春期女孩慢波睡眠时间长短预测其是否处于胰岛素抵抗或其他健康问题的风险当中。

与在成长过程中保持足够慢波睡眠的人相比，慢波睡眠大幅度减少的青春期女孩发展为胰岛素抵抗的机会显著提高，发展为Ⅱ型糖尿病的风险更高，其内脏脂肪和注意力受损的风险也会增加，还可导致腹性肥胖。

◎ 不睡的代价是睡不着

按照人体生物钟运转的规律，晚上9~11点为淋巴系统排毒时间，晚上11点到凌晨1点是肝脏的排毒期，肝脏排毒需要在熟睡中进行。也就是说，人最好在11点前入睡。

如果忽视身体发出的休息信号，夜深了依然追剧，不按时睡觉，则会瓦解自律神经的平衡，使交感神经长期处于优势，导致长期失眠。

◎ 睡前别兴奋

睡觉前，如果太兴奋，交感神经处于兴奋状态，往往难以入睡，因此，入睡前别做以下两件事。

1.别刺激交感神经

很多人都有睡前阅读或者看电视的习惯。但如果经常阅读恐怖小说、追电视剧，就会使交感神经处于兴奋状态，人的情绪沉浸于剧情中难以平复，入睡就变得困难了。

2.不剧烈活动

剧烈的体育锻炼会使人体温升高，身体处于兴奋状态，交感神经持续活跃，无法进入睡眠状态。锻炼时间最好别超过晚上9点，这样才不会对睡眠造成影响。

◎ 睡不醒怎么办

如果总是睡不醒，试着多晒晒太阳吧！据美国《医药日报》报道，这种睡眠功能紊乱被称为睡眠相位延迟，即当人体内部的睡眠模式比正常睡眠模式向后延迟两小时（或更多），就会导致昼夜节律改变，通常这种人会晚睡晚起。

美国睡眠协会认为，当一个人白天没有接触到充足的阳光，或傍晚过度接触日光，就容易导致昼夜节律紊乱。平时适当晒太阳，有助于正常睡眠。

5 你的耳朵还灵吗

◎ 一直被伤害的耳朵需要关爱

饭后去散步，坐公交出行，遇到烦心事……这些时候，女孩喜欢戴上耳机，把音量调到最大。女孩觉得这样既不会打扰别人，又从纷扰中给自己开辟出一个空间，无论听歌还是看剧，都很享受。

殊不知，这样时间长了会对听力造成不良影响，甚至造成噪声性听力损伤。

普渡大学的一项随机调查显示，有着轻微噪声性听力损伤的年轻人数量正逐步上升。看来，这份损伤已经是全球性的了，要想让自己拥有良好的听力，青春期女孩要少用耳机听歌、看剧。

◎ 正确使用耳机

耳机的音量应与正常人说话的声音接近。每天以低于60%的音量戴耳机的总时间不超过2小时。如果在较为嘈杂的环境中，调到60%的音量还听不清音乐，则果断关闭。每次戴耳机30～40分钟后，让耳朵休息一会儿。

◎ 尽快治疗鼻炎，耳朵不受罪

鼻炎如果不及时治疗，容易变成中耳炎。患了鼻炎要及时治疗，消除鼻黏膜炎症和水肿，分泌性中耳炎如果未得到及时的治疗，耳内的液体未完全吸收，会导致鼓室硬化、粘连性中耳炎、胆固醇性肉芽肿等继发疾病，这些疾病的治疗将比分泌性中耳炎复杂得多。

日常生活中，擤鼻涕的时候，用手指压住一侧鼻孔，稍用力外擤，鼻涕即被擤出，用同样的方法再擤另一侧。

◎ 游泳时，耳朵进水怎么办

耳道外形像个水桶，耳朵眼儿就是桶口，进水后快速咀嚼或者摇头，水一般就会流出来。如果水出不来，可以使用下面两个方法。

1.耳朵眼儿朝下跳跃

外耳道弯曲特别明显的人耳朵容易进水，且不易出来，把耳朵往后拉，使耳郭尽量被拉直，然后歪头使耳朵眼儿朝下，跳跃几次，水就流出来了。

2.棉签搌水

有的外耳道弯曲且耳朵眼儿特别小的人，就需要换个方法了，先把耳朵轻轻地往后拉，然后把消毒的棉签放入耳朵眼儿里把水搌出来。这时要注意，外耳道的深度是2.5厘米左右，棉签不能放入过深，否则可能捅破耳膜。

6

头上风景：一头秀发

◎ 恼人的头皮屑

头皮屑是真菌的一种。到了青春期，皮肤的活动会变得很旺盛，头皮油脂分泌失衡，就会出油使头发变得油腻；当头皮菌群环境失衡时，这种细菌便乘虚而入在头皮上大肆繁殖，引起头皮角质层代谢过快，这样就促使角质层细胞以白色或灰色鳞屑的形式脱落。

洋葱鳞茎和叶子中含有一种叫硫化丙烯的油脂性挥发物，能散风寒。用洋葱汁揉擦头皮，可以起到很好的促进头皮血液循环的作用，能减少头皮屑和止痒。

生姜中的姜辣素、姜烯油等成分，可抑制头皮瘙痒，去除头屑。但要注意涂抹后用清水将头发冲洗干净。

◎ 出油，就要洗吗

很多人视头油为大敌，只要有一点点油就立刻洗头，这种做法并不可取。头皮分泌的油脂构成的天然“水油膜”对头发有保护作用，过度的清洗会加剧发质损伤。

◎ 自来卷

自来卷受遗传基因影响，只要父母双方有一个是卷发，孩子就有一半可能是卷发。

有的自来卷女孩反复拉直自己的头发，长此以往，容易使头发变得干枯、分叉。其实，这样的女孩只要剪出一个合适的发型，仍然可以很美丽。

◎ 少白头是愁的吗

对女孩来说，没有什么比头顶白发更着急的事情了。除了染发，还有什么办法可以改善这种状况呢？只有找到原因根治，才能永绝后患。

1.精神愉快

青春期女孩心思多，情绪多变，要学会调节情绪，避免长久地郁郁寡欢。心境不佳或精神高度紧张，都可能使头发变白，所以精神愉快很重要。

2.饮食调理

毛发生长也需要充足的营养。如果饮食中长期缺乏铜、钴、铁这些无机盐，会影响黑色素的合成，使头发由黑变白。另外，如果身体长期缺乏蛋白质、植物油、B族维生素，也会导致头发由黑变白。

生物素为B族维生素之一，又称维生素H，是秃头一族的救星，能预防现代人常见的少年白发。牛奶、牛肝、蛋黄、动物肾脏、瘦肉、糙米、小麦、草莓、柚子、葡萄等食物中都含有生物素，可以通过食用这些食物来补充。

要注意饮食均衡，在保证蛋白质和维生素摄入的基础上，多吃粗食、杂粮、干鲜果品及各类蔬菜，尤其是黑豆、黑芝麻，对乌发很有好处。

3.疾病早发现早治愈

如果出现了少白头，最好去医院检查一下，看是否存在器质性疾病，如果是，要及时治疗。

◎ 护理好你的头发

一头飘逸的秀发，除了遗传外，更多在于日常养护，女孩可以参考以下几个方法。

1.控制洗发次数

洗发不应太过频繁，如果没有户外活动，可以少洗一两次，不必每天一洗。洗发太频繁会损伤头发自有的保护机制，破坏发质。一般两天左右洗一次，既能有效清洁头皮，也能保护头皮健康。

2.干洗头发时间不宜长

一般来说，头发干洗的时间有五六分钟，洗发水就能起到清洁头发的作用。且干洗头发不能太勤，最好和水洗的方式交错进行，水洗的时候即洗即冲，相对来说更干净一些。

3.多食用黑色食物

多食用黑色的具有保持秀发乌黑亮丽的食物，如黑木耳、黑芝麻等。

4.摄入微量元素

在纤细的头发丝中，包含着十几种元素，日常饮食中铜元素摄入不足，会引起头发早白和枯脱，严重缺乏会使毛发异常，表现为赤色、黄色及灰白色。

5.心情愉快

头皮能敏锐地感知环境、作息、情绪、压力等并迅速做出反应，比如头皮发硬、紧绷，甚至斑秃等。因此，除了使用头发护理用品，愉快的情绪也非常重要。

7
关于出汗你要知道的内容

◎ 尴尬，一动就冒汗

人的皮肤有两种汗腺：一种叫小汗腺，分布在身体各处；另一种叫大汗腺，只在腋窝、乳头周围、阴部和肛门等处。在儿童时期，大汗腺没有发育，不会产生相应的分泌物。到了青少年时期，在睾丸激素作用下，大汗腺开始迅速发育，腋下汗多了，就连手、脚也常常黏糊糊的，时常大汗淋漓，有时还会出现汗臭。到了老年，人的汗腺分泌功能减退，汗会相应减少。

◎ 你需要出汗的5个理由

青春期女孩多出一些汗，能够排毒、杀菌，让身体更健康。

1.排毒

人体最大的排毒器官不是肝脏，而是皮肤，出汗之前，毛孔会自动打开，身体内的毒素和污物通过汗腺排出体外。

2.美容

出汗时，身体表面能形成一层膜，阻挡紫外线对皮肤的伤害，还能防止皮肤水分蒸发，使得皮肤光洁润泽，有弹性。

3.增强免疫力

正常情况下，热了才会出汗，这是身体的自我保护机制，通过汗腺的蒸发带走体表的热量，让身体保持恒温。

4.杀菌

汗水中含有一种人体抗菌肽，叫作“抗菌蛋白”，能够高效抵御结核菌等病原菌，堪称天然抗生素。

5.促进钙吸收

运动流汗有利于钙质的有效吸收，防止骨质疏松，让骨质更加密实。

◎ 关于出汗的小常识

洗完澡或者大汗淋漓时，再稍微多流一些汗，可以让身体更加舒服。

1.洗澡后，不要立即穿衣服

夏季气温高，洗澡后，身体的温度不容易降下来，等一会儿再穿衣服，有助于更多地排汗。

2.流汗时，多喝水

一般情况下，渴了喝白开水最好。但是，大量流汗之后，喝功能性饮料不但可以补充水分，还能补充微量元素以及葡萄糖，避免血液中电解质被稀释而出现低血钠症状。

◎ 消除汗味小方法

当汗味比较重的时候，要定期洗澡，穿衣以纯棉汗衫和纯棉短裤为佳。无论哪个季节，棉织品的吸汗能力都好于其他面料，穿着也会更加舒适。

PART 07

人际关系：处理好友情和爱情

青春期女孩的社会交往需求增强，更加渴望与同伴交往，特别喜欢和朋友在一起的感觉。其间，有爱慕、有迷恋、有渴望、有纷争、有矛盾，在处理各种人际关系的过程中，社会交往能力得到逐步提高。

1 如何正确对待青春期萌动的情感

◎ 什么是迷恋

迷恋指对他人产生了罗曼蒂克的情感，过分喜欢，难以舍弃。即使只是看到对方，也会非常开心。迷恋对象不一定是同龄男生，有时，会迷恋上一个不现实的人，如大龄男性、明星、老师等，一般情况都是异性。出现这种情况，不用紧张，这些都是青春期心理发展的正常表现。

◎ 别担心，迷恋老师没什么

当你感到自己特别迷恋某位异性老师，他一出现在讲台上，心就咚咚咚加速跳动，并因此努力学习这门课程，以期在老师面前表现得更出色时，可能会担心自己是否喜欢上了这位老师。这份担心完全没有必要。一般情况下，你的迷恋会随着生活的变化而保存在记忆里，换老师了，换学校了，毕业了……他们将会被你生活里遇到的其他人所取代。

◎ 单相思时，给自己36天

英国心理学家佛曼斯特针对单相思进行了长达5年的研究，发表了一系列令人惊讶的统计数据：在英国每年约有100万人不幸陷入“单相思”的泥潭。

单相思的模式大多是：起初双方仅是精神交流，接着其中一方萌生爱意，并陷入自己编织的情网中难以自拔，不时用隐晦的语言和行动暗示对方。

单相思可能发生于任何年龄段，但在14～18岁更为常见，因为少男少女此时正处于爱幻想的青春期，往往不善于自我控制。

单相思大多时间短暂，平均每次持续时间仅为36天，绝大多数人能很快走出阴影。

◎ 稍稍拉低异性价值感

青春期阶段，有的女孩常会疑惑：“我是不是一个有价值的人？”为了寻找这个答案，会通过同伴价值感、同性价值感和异性价值感三种途径来判断自己的存在意义。

同伴价值感、同性价值感和异性价值感三者之间是一个相互自动平衡的关系，如果其中一种价值感下降，对其他的价值感需求就会上升。

如果你钟情于某位异性不能自拔，甚至由此影响学习，可能是同伴价值感和同性价值感不足，多和同性接触，多交同性朋友，获得更多同性朋友的支持，同伴价值感就会升高，就不会陷入单相思了。

2
青春期异性交往

◎ 青春期异性效应

青春期男女同学对异性充满好奇和好感，特别想接近异性，在互相接触时通常会产生一种相互吸引力和激发力，交往良好时，从中体验到难以言说的感情追求，对双方的活动和学习产生积极的影响。

女孩不要限制自己与男生的正常交往，这是破除性神秘感、建立健全的性观念的重要基础。

◎ 异性疏远期

异性疏远期发生在青春期开始的半年到一年之间，十一二岁。此时，女孩的性发育尚未完全成熟，性别意识也刚刚萌芽。由于第二性征的出现，使女孩对自身所发生的变化以及男女间性别的差异感到茫然、害羞甚至恐惧。例如，她们会害怕被人看到逐渐隆起的胸部，于是本能地疏远异性，尽可能地回避与异性的交往。有时因为学习或活动的需要不得不接触异性时，她们往往会感到拘束和难为情。她们甚至认为两性间亲近、恋爱可耻，这个时期会持续一年左右。

◎ 向往年长异性期

向往年长异性期发生在青春发育的中期，十五六岁。这时女孩常常会对周围环境中的某个文艺、体育、学术以及外貌特别出众的年长异性产生仰慕之情，而且尽量模仿他们的言谈举止。

所以，在这个年龄段，可以多为孩子创造一些与不同年龄异性交往的机会，学习他们身上的优秀品质。

◎ 向往异性期，创造机会与同龄异性交往

向往异性期往往出现在青春发育的后期，十八九岁。随着性发育的日趋成熟，女孩开始对与自己年龄相当的异性产生浓厚的兴趣，十分渴望与异性接触。为此，她们往往会在各种场合想方设法吸引异性的注意力，一旦有接触的机会，她们就会尽量表现自己。这时是女孩恋爱的高发期，家长不妨给孩子创造一些与异性交往的机会，一起看球、一起郊游、一起学习、一起组织某项活动，但是这样的活动最好是许多男女生一起参与，而不是单独的男女生交往。

◎ 和男孩做朋友

美国心理学家对两千余名儿童进行调查后发现：过于男性化的男孩和过于女性化的女孩，智力、体力和性格的发展一般较为片面，智商、情商均较低。相反，那些兼有勇敢、刚强等气质的女孩，在智力、体力和性格发展上大多很全面，学习成绩较好，往往受到老师和同学的喜爱。成年后，兼有“两性之长”的男女在社会竞争中更占据优势。

女孩要多和男孩正常交往，一起活动、一起学习，平时多沟通，就能发现并习得男孩的优点。

◎ 一起学习

女孩思维更加细腻、形象，男孩思维偏于抽象、概括能力强。在学习的过程中，男孩女孩一起头脑风暴，就能起到优势互补的作用。遇到难题，一起讨论，相互启迪，思路会更开阔。

3
问自己：恋爱季到了吗

◎ 你还不具备恋爱的条件

恋爱、结婚就要组成家庭，女性在家里也要承担相当一部分的家庭责任和义务。工作、养育儿女、爱护家庭、满足家庭成员的身心需求、解决生活中遇到的困难……这是每个家庭的女主人都要完成的任务。

青春期女孩未成年，正处于为未来积累能力的学习关键期，生活能力也不强，不具备恋爱的资本。

◎ 女孩还不能充分地认识自己

女孩还不能确定自己现在喜欢的男孩就是未来最适合自己的丈夫。因为她要在这几年的时间里整合主、客观的自己，搞清楚自己是一个什么样的人，将来要从事什么职业，从而更好地把握自己。在没有形成一个统一的认识之前，女孩更无法知道自己未来要找什么样的伴侣。

◎ 做个受男孩欢迎的女孩

做个受男孩欢迎的女孩，不断提高自己的能力和素质，远比去开始一段不成熟的恋情更有收获。

男孩喜欢的女孩具备以下特征：清新自然、举止得体、性格开朗、重情重义、节俭有度、孝顺、贤惠、认真负责、有魅力等，所以，女孩应该努力具备这些特质，让自己变得更优秀，更受人欢迎。

◎ 偷偷地恋爱不可取

手机的普及和网络的便捷，使很多孩子通过这些途径谈起了恋爱。不能在学校里卿卿我我，就利用手机频繁发送甜言蜜语、私下偷偷约会，虽然避开了家长和老师的干预，但耗费了很多时间，耽误了学习。

女孩一定要明白，线上沟通增加了恋爱的神秘性，诱惑力更强，见面的时候更容易激情澎湃，发生越轨行为。

◎ 现在不是恋爱的时候

青春期孩子心智发展不够成熟，对人、对事的认识缺乏稳定性，对异性的态度很可能迅速发生变化，身体、心智、经济等方面的条件都不成熟，如果双方现在恋爱则会影响学习、生活和未来的发展。

恋爱意味着责任，没有负责的能力，就容易受到伤害。青春期恋爱是一种不负责任的行为，不仅会荒废学业，而且可能会因自己的不理智承担严重后果。

4 和心仪男生做朋友

◎ 和心仪男生做朋友

正常的异性交往不仅能促进学习，而且有利于孩子个性的全面发展。一般来说，既有同性朋友又有异性朋友的孩子，其性格往往比较开朗，为人诚恳热情，乐于帮助别人，自控力也比较强。而那些只有同性朋友的人，往往缺少全面的情感体验，不具备与异性沟通的社交能力，社交范围和生活圈子也比较狭小，人格发展受限。

◎ 正常的异性交往为女孩未来的爱情、婚姻打下一定的基础

少男少女正常交往是一件对成长有益的事情。当少男少女很自然地进入异性世界的时候，对异性的认识很直观，能够较容易地读懂异性，并从与异性的交往中加深对自己的认识。在这个过程中实现了性别尊重、性别平等和相宜的性别角色认同，这比任何理论教导

都有效。

◎ 把握好尺度，不被他人误解

为了不被同学误解，在与男生交往的时候，要把握好尺度。

1.不和男生有亲昵的行为

为了不被乱点鸳鸯，在教室、宿舍楼门口、操场上等公共场所不要单独和某个男生长时间聊天或者有亲昵的行为。

2.不要单独活动

不要单独约某个男生去看电影、逛公园。即使要探讨学习的事情，也最好几个人一起，男孩女孩多了，就不会无故产生流言蜚语了。

3.不乱认哥哥

不要满口“老公”地开玩笑，更不要在校园里乱认哥哥，哥哥妹妹喊来喊去，容易产生心理暗示，真的发展为恋爱关系。

有的女孩可能以这种方式来实现被爱、被保护的满足感，殊不知这样很容易发展为早恋，不可取。

4.一起玩儿，不动手

男女毕竟有别，异性同学关系再好，也不要嬉笑打闹，你推我拉，更不要乱开玩笑。女孩更要注意，假如男生一不小心碰到你的胸部，场面会很尴尬。

◎ 隐藏感情

只有具备一定的审美、情感认知能力才能主宰自己的情感，强烈喜欢某个男孩时，要把这份喜欢的心情隐藏起来。等自己成年后，对感情的认识更加清晰，再去好好考虑，认真地选择生活伴侣。

◎ 男生女生一起活动

志趣相投的几个男生女生经常一起活动很有好处，比如，课堂上的讨论发言、课外的游戏活动等，这样的异性交往满足了渴望异性的心理需要，更有利于了解异性，为以后的婚恋打下基础，更能促进现在的成长。男生打球，女生助威；校园劳动，男生力气大干重活儿，女生细心干细致活儿，互相配合有利于完成任务。

◎ 别伤害向你告白的男孩

当男生向你告白的时候，不要不理不睬，直接冷酷地拒绝。正确的做法是给对方写一封信或者留言，先说说对方的优点，学习方面、性格方面等都可以，表明很愿意和他做朋友，但是现在不适合谈恋爱，否则会对双方的学习和前途等造成影响。

5
更渴望友谊

◎ 我们都需要友谊

友谊是人与人之间的一种亲密的心理关系。每个人都有克服孤独、与他人建立和维持密切关系的情感需求，友谊就是人与人之间这种情感意愿的合理表达与诉求形式。

◎ 如何建立和发展一份友谊

要想拥有一份稳定而美好的友谊，需要真诚地面对彼此，始终如一地真诚，会让友谊更加长久。

1.相互的认知与理解

在充分接触后，对对方有一定的认识，知道他是一个什么样的人，在和自己脾气相投的情况下，多接触，表达喜悦之情。

2.信任、尊重并给对方以积极评价

在交往的过程中，充分地信任对方，不猜疑、不轻视，大家在一起愉快相处；遇到不愉快，都不放在心上，积极沟通，尽快恢复往日的友情。

3.互相帮助，互相支持

当朋友有困难时，要及时给予帮助。集体行动的时候，发扬民主，集思广益，尊重彼此的选择。

◎ 青春期容易去个体化

青少年害怕被同伴排斥，当自己被集体拒绝的时候会很失落，所以，他们会很精心地维护自己所在意的关系。在某些群体情境中，可能会放弃道德约束，以至于忘却了个人身份，而顺从于群体规范——简言之，就是变得去个体化。

女孩一定要知道，在错误的行为面前，多一份顺从就多了一份伤害和危险，应保持理智，不参与错误的事情，这样既能保护自己，又能为友谊带来正面、积极的影响。

◎ 友谊是心灵的给养

女孩在与他人的交往中生活，除了需要亲人物质、经济上的供给，也需要友谊为自己的生命提供给养。在庞大的社会支持系统中，朋友较多地承担着情感支持。

1.调节情绪，释放压力

当女孩遇到挫折、不如意的事情心情低落时，需要通过倾诉来调节情绪，她可以邀三五闺蜜一起出去玩耍、聊天，尽情倾诉之后，心里就会充满阳光。忍不住感叹：“有朋友真好！”

但是一定要记住，有了好事要跟朋友分享；当朋友向你倾诉苦闷时，要悉心倾听。

2.增进智慧，自我完善

随着女孩渐渐长大，会从社会中获取知识和经验。朋友是女孩青春期社会生活中的重要角色，更是学习的榜样。当遇到无法解决的问题时，最亲近、最可靠的求助对象就是朋友。

除此之外，朋友还是自身的参照，能够通过朋友发现自己的不足，以便及时进行自我完善和自我提高。

◎ 加入社团

学生社团是指为了实现会员的共同意愿和满足个人兴趣爱好的需求、自愿组成的、按照其章程开展活动的群众性学生组织。

社团活动的组织全部由学生来完成，学生按照兴趣来选择社团，张扬了个性，激发了学生在某个领域学习的积极性，促进了学生个体化和社会化发展。

每个学生都有自己的特长，参与到感兴趣的社团有了挥洒热情的地方，收获了做成事情的成就感，求知欲更强，更加热爱校园。

当然，要正确区分友谊型群体和团伙。友谊型群体对个人的发展是有益的，而团伙则对个人的发展有害，甚至会做出犯罪行为。

6
朋友圈强大，靠什么

◎ 获得更多的人际支持：等价学说

亲密关系——友谊或者爱情——是否能够维持，取决于关系双方认为他们从关系中所得到的是否跟他们所付出的成正比。人际支持发生在相互关心的关系中，人们在与他人建立相互关系的时候会衡量得失。

◎ 以礼相待，讲原则

礼仪礼貌涵盖范围广，而且会因时因地而不同，讲究以下原则，就会赢得更多人的欢迎。

1.尊重

从交往开始，就尊重对方。发自内心地珍惜对方的每一分付出，让对方感受到你的重视。

2.遵守

遵守社会规范、公序良俗，绝不破坏。

3.适度

凡事有分寸，适可而止，否则过犹不及。

4.自律

表里如一，严格要求自己，自觉遵守道德规范，人前人后一个样。

◎ 懂得爱，不伤害

朋友是用来爱的，不是用来伤害的。自私自利容易伤害朋友，只想着自己的利益和感受，说话办事必然忽略别人的感受，如果朋友频繁地受到你的伤害，会觉得你不是一个可以长久交往的人，对你付出再多也是枉然。当朋友需要帮助时，你能第一时间出现，让对方感受到你的诚意和温暖，这样才更有利于巩固深厚的友谊。

◎ 保存好联系方式

记录别人的联系方式，经常保持联系，这样才能让友谊更加长久。学生时代，朋友的生日是个特别重要的日子，如果不能亲自为他庆祝生日，就打个电话表示祝贺，让对方收到你真诚的祝福。一直到老，每年都这样，持续的温暖就形成了一生的友情。

◎ 比较，最失朋友心

当一个人在某方面很优秀的时候，特别渴望得到朋友的认可，在与朋友相处的过程中，一定要懂得这个心理。朋友取得了好成绩，绝不能有酸葡萄心理，而应真诚地表达祝贺和赞美，这样可以让友谊更加深厚。

有的人为了显示自己的优势，常常拿自己的长处和朋友做比较，这样比一次失一次朋友心，不要等到自己变成孤家寡人时才学会如何去祝贺、赞美、鼓励朋友。每个人都有自己的优势和劣势，朋友之间要相互取长补短，共同进步，不可盲目地进行比较。

◎ 恰到好处地请朋友帮忙

有事情请朋友帮忙，他们会觉得你把他们当知己。你曾经对他们是那么热心，知恩图报是美德，最适合朋友间表达友情。朋友需要帮助时，你总是热情相助；你需要朋友帮助时，说一声他们就到了，这才是理想的朋友关系。

不过，请求朋友帮助要有度，千万不要成为一个依赖朋友的“麻烦大婶”，动不动就隔空喊话：“哎，有件事麻烦你一下！”做“朋友奴”很辛苦，日子久了，朋友招架不住，肯定会把你从朋友圈删除。

◎ 倾听朋友

有的人遇到烦心事喜欢向朋友倾诉，如果你的朋友也有这种需求，你要耐心倾听。一方面，能让对方舒缓压力，快乐起来，他快乐了，你也跟着快乐，或多或少减轻了自己的一份压力；另一方面，你会领悟到，这个世界不只你一个人会遇到烦恼。倾听他人的烦恼不仅能为自己的好人缘加分，而且能在劝导别人的过程中提高自己的情绪管理能力。

◎ 学会制怒，管理好情绪

情绪是以个体的愿望和需要为中介的一种心理活动，当客观事物或情境符合主体的需要和愿望时，就能引起积极、肯定的情绪；反之，当客观事物或情境不符合主体的需要和愿望时，就会产生消极、否定的情绪。

青少年神经系统没有发育完全，控制和调节情绪的能力还有所欠缺。在脑和神经系统生长的过程中，青少年大脑神经活动机能的主要特点是兴奋性较高；兴奋过程和抑制过程相比，兴奋过程又相对较强一些；兴奋和抑制的相互转换较快。这样就使大脑皮层的兴奋与抑制过程在一定时间内不十分稳定，皮下中枢的调节作用会出现暂时不平衡。对于精力旺盛的青春期女孩来说，由于体内积蓄了大量的能量，在没有找到合适的发泄出口时，容易因兴奋过度导致情绪激动，一旦任由孩子放纵，激动过后又容易疲惫，呈现给别人的就是一种喜怒无常的情绪状态。

当伤心、绝望、郁闷等消极情绪出现的时候，就要让自己独处一会儿，然后静静地思考自己为什么会这样、这样值不值得等问题。等自己想明白了，就会觉得与成长相比，这点儿小事不算什么，一笑而过了。

7 分清友谊和同性恋

◎ 同性依恋

同性依恋是一种青春期常见的心理过渡现象，多发生在异性疏远期，15岁之前。这个时期的女孩对身体出现的第二性征比较敏感、害羞，喜欢和性别相同的人在一起，也会有一些亲密行为，有些女孩还会表现出对异性的排斥。这一阶段过去后进入向往年长异性期、向往异性期，会自然进入异性吸引阶段，开始恋爱、结婚、生子。

同性依恋是青少年成长过程中自然出现的心理发展阶段。女孩渴望交同性朋友，不是同性恋，而是渴望友谊的一种反映。这是社会化发展的需要，不用担心自己的性取向。

◎ 认识同性恋

同性恋是指个体在心理、情感、性爱及社交兴趣方面，都指向同性别的人，这种兴趣可能会从行为中表现出来，但也有可能不表现出来。同性恋者是被同性吸引的，同时对同性有性的感受、冲动和性的反应，并且这种吸引是持久的、唯一的；同性恋者会在同性性行为和性活动中获得性满足。

◎ 同性依恋不同于同性恋

同性依恋和同性恋完全不同。同性恋是一种性取向，是对同性别的人的性的吸引，而同性依恋是一种情感联结，是情感上的依赖。最简单的区别方法是，产生同性恋时，会受到同性别的人的身体和性的吸引，尤其在性幻想和性梦中出现的都是同性的身体。同性之间关系好，互相依恋，不是同性恋。即使你跟某个女孩关系好，形影不离，只要没有身体和性的吸引，就无须担心，同性依恋与同性恋之间没有任何联系，同性依恋不会发展为同性恋。

◎ 大胆交友，别太在意别人的想法

在与同性朋友交往中，有些女孩愿意和见多识广的人交往，特别崇拜有体育特长、学习成绩好、有创造性、有独立见解、学业优秀的学长。这符合成长的需要。

女孩千万不要觉得交往过密是不对的，更不要认为同性交往就会发展成同性恋，这样的错误想法不利于发展同性友谊。

PART 08

告别成长痛，在阳光下自信前行

青春期女孩在复杂而充满变化的心理活动中认识自我、战胜自我，最终实现自我同一性。一路走来，自卑过、迷茫过、焦虑过、矛盾过、叛逆过。

努力成长，赢取未来。

1 青春期女孩易自卑

◎ 青春期自卑

自卑在心理学上是指和别人比较时，低估自己而产生的情绪体验，是一种心理上的缺陷。

自卑是一种消极的心理状态和不良的心理品质，它是个体对自己能力与品质做出偏低评价的一种自我意识。自卑容易使一个人的生活、学习、交际等受到影响，严重的会毁掉个体的自尊心、自信心和进取精神。

进入青春期，女孩生理、心理等各方面都发生了很大的变化，如果这些变化没有朝着她们期望的方向发展，也没有得到及时的疏导，她们可能因此变得自卑。例如，有的女孩进入青春期后满脸青春痘，有的女孩身高比同龄的孩子矮一大截，这都可能引发她们的自卑感。

一旦女孩形成自卑心理，就会感到自己事事不如人，又没有勇气赶上去，陷入悲观、失望的情绪中，处事消极，很不利于身心健康发展。

◎ 有点儿自卑很正常

心理学家阿德勒认为，每个人都有先天的生理或者心理缺陷，这就决定了每个人的潜意识中都有自卑感存在。处理得好，就能超越自卑寻求优越感；处理不好，将演化成各种各样的心理障碍或心理疾病。

当青春期女孩能够用积极心态来理解自卑的意义时，她就为摆脱自卑做好了心理准备。

◎ 自卑的不利影响

自卑感，即一个人对自己的能力、品质等做出偏低的评价，总觉得自己低人一等并因此感到悲观、失望、惭愧、羞涩甚至畏缩不前。这是自我评价的一种重要体现。

自卑感非常不利于成长，一旦有了自卑感就会压抑自尊心、自信心、上进心，看不到自己的优势，长此以往内心积累了更多不满情绪，某一时刻被激发，可能会以特别极端的形式表现出来。

自卑并非无法克服，只要努力就能改变，最重要的是拥有自信。

◎ 自卑的表现

每个人心里都有一把尺，衡量别人也衡量自己。一个人是自卑还是自信，看他的行为表现就知道了。

1.自负自傲型

对自己的期望过高。一心想让自己出类拔萃，获得别人的认可，事事与别人计较长短。在思想上督促自己、压迫自己，完全被理想的思维所主导，其实在内心深处往往是否定自己的，表现为对一切无动于衷，漠不关心。

2.封闭怯懦型

被埋没在成绩更优秀的学生中，很少能引起老师和同学的注意。虽然很努力，各方面表现还不错，但是她们谨小慎微、患得患失，不具有创新思维。

3.自轻型

自我评价过低，认为自己什么都不行，看不到自己的长处。学习不努力，参加活动也不积极，总用悲观的眼光去看待周围的事物。

4.自弃型

在以前的学习中成绩还算不错，上中学后，没能样样都超越别人，于是干脆放弃。这类学生表面乖巧，实际上学习缺乏动力、自由散漫，没有组织性纪律性，自控能力差。

◎ 导致自卑的常见因素

哪些因素会引发自卑心理呢？只有找到这些因素，才能想办法减少自卑，成为一个自信的人。

1.个体人格因素

有自卑心理的青少年，往往性格内向、好静，喜欢沉思。

一般气质类型为黏液质、抑郁质的人相对内向、敏感，心思细腻，或者后天的成长环境压抑、低沉，较少受到鼓励，都容易形成自卑心理。

2.参照对象水平过高，目标不切实际

有自卑感的青少年一般不能进行正确的自我评价，自我认知不客观，主观随意虚构而造成的自卑感占主要成分。对自己的期望很高，要求严格。但是，没有认清理想与现实之间的差距，无数次品尝希望越大、失望越大的苦涩，从而对自己的能力产生怀疑。

3.现实中难以找到自我价值与成就，较少有成功的体验，难以树立信心

青少年的主要活动是学习，他们通常根据学习成绩来评价自己的能力。学习成绩不理想，又没有培养特长，体验不到成功，自卑感随之而来。

4.教育者与家长对青少年的影响

一些家庭的教育方式过于严格，使青少年的身心得不到充分的自由发展，故而使青少年变得消极，缺乏动力。父母与老师经常轻率地评价孩子，随意贬低他们的能力或品质，伤害了孩子的自尊心和自信心。

5.同伴的影响

与父母和老师比起来，同伴之间更能为他们提供更多的展示自我的机会。青春期女孩更在意同伴的认可与接纳，是其寻求爱与归属的需要。那些具有攻击行为与破坏行为的青少年容易受到同伴的排斥，往往会产生自卑心理。

◎ 你能战胜自卑

自卑是自我认识的一种表达水平，在自尊的疆域里，有自卑、自信、自负，当自信达到一定水平的时候，女孩就有了恰到好处的自尊，不会自卑，也不会自负。

1.保持积极的心态

即使发现了自我能力较差，内心自卑，也不自暴自弃，而是寻找突破自我的方法，通过努力获得成功后，就会变得自信起来。

2.进行积极的自我暗示

努力增强自信心，进行积极的自我暗示。经常听到一些同学说自己这也不行那也不行，这是一种消极的自我暗示。它常常是导致学习、生活失败的最主要原因。做事之前，给自己打气："我能行！"觉得自己行，行动起来后，就真的行了。

3.多与志趣相投的人接触

在与人交往或谈论的过程中，要尽可能选择自己擅长的话题与活动，充分展现自己的一技之长，体验到成功。

4.不断保持进步

在不断进步的过程中，女孩战胜挫折的经历增强了她的自信，自尊水平提高后，对自己会有更客观、清晰的认识，能够设立合适的目标，努力去实现，自卑逐渐成为积极努力的原动力，而不是自我否定、自我轻视。

2
青春期易产生抑郁情绪

◎ 认识抑郁

总体上说，青少年的抑郁情绪与成年人的抑郁情绪没有什么区别，都表现为兴趣淡漠、被动消极、悲观绝望，难以融入现实生活。生活中，青少年出现逃学、不服从老师或家长管教、学习成绩下降等行为，有可能与其有抑郁情绪有关。

◎ 一份抑郁自查表

一般情况下，一旦下述症状持续两周以上，就可能是抑郁症的典型表现，可以去咨询专业人士。

1.食欲或体重下降。

2.疲倦、嗜睡或早醒。

3.对日常活动不感兴趣。

4.精力减退。

5.感觉到自身无价值。

6.不能专心做事情。

7.有想死的念头。

◎ 预防抑郁

与青春期抑郁相关的外在因素主要是来自家庭、学校和社会期望值太高，学习压力太大，青春期的情感问题、亲情问题和人际交往问题等。

1.搞好亲子关系

学习上，父母对孩子的期望可能更高一些，女孩要在一定程度上理解父母望子成龙的心理。当亲子之间意见不统一时，真诚地与父母沟通，女孩态度好，父母自然不苛刻。

2.不早恋

控制自己，即使有爱慕的男孩追求，也不发展恋情，避免陷入爱的旋涡，产生痛苦等不良情绪。

3.提升生存能力

当今青少年的压力很大，那些经历了良好的挫折教育、生存教育、生活技能和独立能力训练的孩子，应对生存压力的能力更强，自我肯定较多。生活中，女孩要主动争取做事的机会，提升自己的生存能力。

4.多做运动和冥想

罗格斯大学一项新的研究表明，冥想和有氧运动一起做有助于减少抑郁。研究者说："这些疗法可以练一辈子，它们可以有效地提高心理和认知健康，而且这种干预可以在任何时间不费成本地进行练习。"

5.游泳

游泳是调节情绪的好方法。感到焦虑、忧郁、浮躁不安时去游泳，通过水流对身体的按摩和冲击，形成一种特殊的按摩方式，这种自然的按摩不仅使肌肉得到放松，还会使紧张的神经顿时松弛下来，把那些消极的、对身体产生副作用的心理因素宣泄掉，恢复积极、健康的心理状态。

6.多交朋友

英国沃里克大学研究人员研究显示，交朋友可以帮助青少年摆脱抑郁情绪，甚至可以从一开始就避免其产生抑郁情绪。情绪低落时，多和朋友聊聊天、做做运动，就能摆脱不良情绪。

◎ 敞开心扉，解开郁积的心结

心情不好的时候，学会敞开心扉，让阳光照进心里，驱散愁闷的乌云，便不会让坏情绪郁积。

1.敞开心扉，与朋友互动

和朋友互动的方式很多，聊天、下棋、运动、玩游戏，都能放松神经等，让心情好起来，感受到生命的美好，烦恼自然消失。

2.亲近自然

积极参加户外活动，多亲近大自然，利用假期去有山有水的地方游玩儿，感受天地的广博，心事变小，坏心情被大自然的美好冲淡，心胸也会随之开阔起来。

3.多和父母沟通

父母是这个世界上最亲近的人，要懂得："即使全世界抛弃我、欺负我，还有父母接纳我。"遇到不如意的事情，跟父母聊一聊，就能帮你驱散心头的阴云。

3 青春期焦虑

◎ 焦虑和焦虑症

每个人都会有焦虑感。在身处险境时，它和其他感受一样，都是一种自然的情绪反应。焦虑与焦虑症的核心是对恐惧的认知。这种认知的原始形态可以令我们在具体事件与可能预示着危险的特定信号以及环境间建立联想。而焦虑症的标志是即使各种威胁消退已久，置身于安全的场所中时，挥之不去的焦虑感仍然会引发强烈的不安，干扰人的正常机能。

◎ 成长引发焦虑

近年来，专家普遍从心理学角度来解释青春期焦虑症。从发育的角度来看，青少年大脑易感知焦虑的特点以及进入青春期后面临一系列社交和情感上的挑战，比如，开始与家长分离、争取同龄伙伴的接纳、塑造自己的身份认同感，这些转变都会触发焦虑。

◎ 大脑发育引发焦虑

青春期女孩容易焦虑与大脑发育有关，大脑不同的区域和沟回以截然不同的速度发育成熟，处理恐惧的大脑回路——杏仁核比负责推理和执行控制的前额叶皮质要提前发育很多。这就意味着青少年的大脑有较强的感知恐惧与焦虑的能力，但负责冷静推理的区域却发育得不够充分。

◎ 成年人的焦虑症往往始于青春期

在25岁左右时前额叶皮质发育成熟，获得了调节恐惧感的能力。大多数青少年没有恶化到患上焦虑症的程度，而是随着前额叶皮质逐渐发育成熟，迈入成年。

一位精神科医生说他治疗过很多患有不同类型焦虑症的成年人，几乎所有人都能将问题追溯到他们的青春期。

随着青春期孩子的独立性逐渐增强，他们对恐惧的承受力和不同环境的适应力都得到了改善。

◎ 杏仁核反应迅速

威尔·康奈尔医学院和斯坦福大学的科研人员运用脑部磁共振成像研究发现，青春期的孩子看到令人恐惧的面孔时，他们大脑杏仁核的反应比儿童和成人都更强烈。

杏仁核埋藏在大脑皮层深处，对衡量及应对恐惧感至关重要。我们还来不及仔细思考时，它就已经开始传递和接收前额叶皮质发出的危险警报了。

尽管在免于杏仁核接受恐惧警报方面我们只具备有限的控制力，但我们的前额叶皮质可以有效施加自上而下的管控，赋予我们更精确评估环境风险的能力。由于在大脑中，前额叶皮质是最后一批发育成熟的部位之一，因此青少年调节情绪的能力要远逊于成人。

4 需要搞明白“我是谁”

◎ 成长目标：实现自我同一性

通俗一点儿来说，青春期女孩不停地问自己两个方面的问题，第一个方面是，我是谁、我是什么样的人、我会什么、我不会什么、我的特长是什么、在别人眼里我是什么样的；第二个方面是，大家都喜欢班级里的某个同学，我觉得他怎么样，将来我适合从事什么职业，我的梦想能够实现吗。

青春期女孩需要从对自己的零散认知中建构一个同一性的自我，实现“自我的第二次诞生”。否则，她的自我同一性将会延后，或者一生都处于对自我认识的混乱状态中，形成不确定感：不知道自己想干什么，也不知道自己能干什么。

大量的问题将以自我为核心展开：我为什么活着？活在这个世界上，我要肩负什么样的责任？对自己、对家庭、对国家、对人类，要承担起自身能够承担的责任，就要通过选择一个职业来实现。哪一个职业适合我，我将来要成为什么样的人……这些问题都搞清楚了，就知道了“我是谁”。

孩子获得良好的角色同一性后，他们的自我认同感就建立起来了，了解了自己是什么样的人，像自己这样的人将要选择什么样的生活，这样的选择是否契合自己理想目标的实现……把这些想明白了，女孩就能独立地确定自己的世界观、人生观和价值观，接受并欣赏自己，感到快乐和幸福。

◎ 成长痛

青春期成长是一个选择一放弃的过程，成人感促使他们长大，学会理解别人，他们要改变“自我中心”的认识方式，形成人际平衡性思维，在批判和挣扎的过程中品尝痛苦。在大人的世界里，是叛逆、反抗、闭锁……这些行为被理解后，自我整合的痛苦就会少一些，顺利地建立起自我同一性。

实际上，女孩心理发展处于从童年期向成熟发展的过渡阶段，她们的知识水平、思维方式和社会经验都处于半成熟状态。自己认为的心理发展水平与现实的心理发展水平之间的不平衡性，导致女孩常常看不清自己的能力，做事情天马行空，眼高手低，屡屡碰壁后内心难免会感到痛苦。

◎ 自我认同感

自我认同感是心理学家埃里克森理论中的一个重要概念，是指“一种熟悉自身的感觉，一种知道个人未来目标的感觉，一种从他信赖的人们中获得所期待、认可的内在自信”。这个阶段的女孩独立意识已经很强，有了自己的主见，但是她们对自己的行为和做法还是缺少自信，渴望从长辈，特别是从父母那里获得支持和赞同。当孩子有好的表现时，如果被父母肯定，他的自我认同感就强。

◎ 青春期女孩的成人感

女孩进入青春期后，生理发育方面趋于成熟，有了发育成熟的体验，认为自己已经是成人，这就是成人感。成人感的内容包括：从心理上过高地评价自己的成熟度；认为自己的思想和行为已经达到成人水平；要求与成人的社会地位平等；渴望社会给予她们成人式的信任和尊重。

◎ 既然依赖，不妨自降成人感

即使女孩的生理发育趋于成熟，她们的心理也处于半成熟状态。女孩不要为此而感到沮丧，这不是坏事，而是给你充足的时间来变得成熟。

半成熟状态是指少年儿童的心理发展处于从童年期向成熟发展的过渡阶段，他们的知识水平、思维方式和社会经验达不到成人的水平。

如果能常常对自己说“我还不成熟，在大人眼里还是个孩子。我要好好努力，让自己逐渐成熟起来”，这样的提示能帮助女孩踏踏实实地做个逐渐成熟的人，一方面接受父母的帮助、指引和照顾，另一方面尽自己所能地关心、照顾父母。如此一来，父母既享受了照顾女儿的快乐，又收获了被女儿关心的甜蜜，亲子关系会变得更加融洽。

5
哪个年龄段更叛逆？初二！

◎ 有个“初二现象”

教育专家认为，初二是“事故多发的危险阶段”，初一的学生刚由小学升入初中，对新环境还很陌生，需要一个适应过程；而初三的学生则因为升学压力不得不全心投入学习；相比之下，初二虽然关键，但如果女孩自身意识不到，则会沉浸在一种既熟悉学习环境又没有明显压力的假平静中。

实际上，在初二阶段，青春期生理、心理上的变化大，会出现相对比例偏高的不良心理、情绪和行为特征，比如逆反、逃学、抑郁等，在思想道德、学习成绩以及能力培养等方面出现两极分化的趋势。

◎ 初二，你“中招”了吗

某一天，你变了。可能你没觉察，但是从妈妈错愕的表情、同学质疑的目光、老师不解的神情里，可以发现一些迹象。如果你恰逢初二，应该思考一下，你是不是“中招”了。

1.特别在意在别人心目中的形象、地位，包括同学、老师、亲戚、朋友等熟悉的人。

2.不容易与人沟通，听不得长辈的意见，认为他们说的自己都懂。如果有人批评你，就更不愿意了。

3.向往群体，在意大家的看法，有时还很自以为是。

4.想着超越别人，想获取好成绩，如果遇到困难会很紧张。

5.越学越来劲，或者学不下去了想辍学。

6.和父母对抗，他们说什么都不听，脾气暴躁，有时会有寻衅闹事行为。

7.向往异性，对性很好奇。

8.有时很小气，即使别人开玩笑也会计较。

◎ 初二，女孩为什么变化大

女孩升入初二，就进入一个关键阶段，这个阶段会出现很多变化，具体表现为：

1.学业上有变化

初二阶段的学习，直接影响着孩子中考的成绩。进入初二后，不仅会增加一些新科目，而且各学科在概念、推理的要求，思维的全面性、深刻性、严密性、创造性方面都提出了比初一更高的要求。如果初二学不好，后续学习会吃力。

2.心理发育

初二的女孩常常表现出心理状态和情绪的不稳定，如逆反情绪发展，强烈渴望自由，面对外部的诱惑和干扰，女孩可能会做出许多令人意想不到的事情。

◎ 学习安排不凌乱

在时间的安排上，要分清主次，主要科目当然要多花一些时间，但是这不等于地理、历史等就完全不学了，那些所谓的不参加中考的科目，其实对提高孩子的知识量和文化素质有着重要的作用，所以家长还是要支持孩子学好各种知识。

为了提升学习效率，要学会摸索出适合自己的学习方法，多和他们交流，借鉴他们好的学习方法，这样学习成绩一定会稳步提升。

6
流连镜子前

◎ 爱美背后的心理成长

女孩到了青春期会表现得很爱美，频繁照镜子，这是自我意识发展的需要。青春期是自我意识发展的第二个高峰期，自我的兴趣首先表现在关注自身形象方面。进入青春期后，女孩更加关注自己的长相、衣着、服饰，更多地流连于镜子前欣赏自己、打扮自己。她们要通过在镜子前对衣着打扮的调整，来实现主观我和客观我在外形上的统一，也就是能够根据自身特点、参加场合进行合适的装扮。

◎ 认同自己而不是吹毛求疵

爱美没有错，但要美丽有度。如果过分追求美，为了让五官更精致去整容、每天花费大量时间在穿着打扮上，那么，女孩可能因此而失去自我，既荒废了大好的时光，又不能提升自己各方面的素质。

◎ 读书让你美丽

美丽是外在和内在的和谐统一，外在美靠内涵来支撑，这样的美才能长久。内在美是指人的内心世界的美，是人的思想、品德、情操、性格等内在素质的具体体现。读书、学习、明理是提升内在素质的重要方式。

如果女孩自认为长相普通，而又想让自己更有魅力，就应该多读书，丰富学识，提升修养。书读多了，你会感觉自己的气质和素质提升了，魅力指数也变高了。

◎ 别整容

青少年身体的各个器官还没有完全发育成熟，如果贸然去做整形手术，可能无法达到预期的效果，甚至可能会因整形手术而面临巨大的健康风险。

7 我爱拍、拍、拍

◎ 自拍能提升自尊

一位心理学家说，自拍是伴随着网络科技、数码技术发展而产生的自我表露、自我展示和自我认同的一种新时期人际沟通和交流方式，因此受到无数青年人的青睐。

从社会心理角度而言，自拍具有独特的个体心理功能，可以帮助自我表露，满足爱和归属（或人际）需求，有助于增强个人的自尊、自信。从其社会功能的某些方面而言，有助于个人心理情绪疏导、心理需求的满足和个人好奇心的满足。

◎ 青春期有自恋倾向

心理学家帕特里克·希尔博士说，很多最近的研究都表明，自恋程度的变化轨迹在青春期出现上升，这一时期我们称为成人初显期——从十七八岁到二十几岁，然后一般会下降。

对自己的能力和前景充满自信，可能会帮助青少年顺利度过青春期以及试图寻找自身定位时的混乱期。

◎ 你可以自拍

去风景秀丽的地方旅游，或者遇到了开心的事情，自拍一张发到朋友圈，和大家一起分享快乐，未尝不是一件好事。

弄个新发型或者换件新衣服，拍张照片发到朋友圈收获几个赞，虚荣心获得小满足，心情大好。

某个早晨，发一个特别的早餐图片，刷一下存在感，得到友人的呼应，心情会靓起来。

◎ 不可过度沉迷自拍的几个理由

自拍所带来的积极心理功能，并不能完整代替或实现个人在现实中的各种角色功能，过度沉迷自拍，也会带来诸如社会交往动机不足、自我认知失调、自拍上瘾等负面心理效应，以致妨碍正常的生活、工作和学习。

◎ 自拍上瘾是种病

不断自拍，修图后发到朋友圈，如果是为了晒美丽、晒气质，可能是自尊心不够强，为了赢得他人的关注而频繁晒照。一张一张拍，一张一张修，消耗了不少时间，即使赢得许多赞美，你真的开心吗?每个人都有被尊重的需要，要想赢得他人尊重，先要自己尊重自己，在真实形象、学识、能力方面下功夫，多锻炼、勤于学习，就会获得尊重。

PART 09

青春期危险事儿，离你并不远

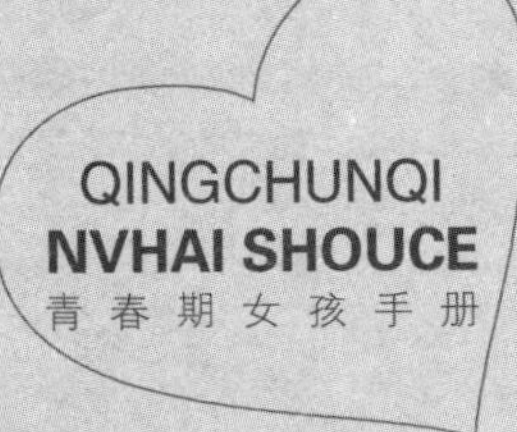

烟、酒、毒品、网络、欺凌……这些或明或暗的存在，时刻威胁着女孩的生命健康和人身安全。有的女孩之所以受到伤害，是因为她们不明白危险有时就在身边。

1
不被烟草奴役

◎ 先认识一下尼古丁

一个人抽了一支烟，就等于有千分之一克的尼古丁侵入他的身体。这个数量足以使一个抽烟新手受到严重危害，导致身体出现一些反应，如恶心、面色苍白、脉搏增加、出冷汗、头晕等。

尼古丁对人体的破坏作用十分广泛，影响神经，并通过神经与心脏和血管发生作用，使得记忆力与注意力减退。

◎ 吸烟容易引发肺炎

烟草中的尼古丁、焦油等物质会严重损害呼吸道黏膜，导致一系列呼吸道疾病。如果人的呼吸道黏膜被破坏，对于外界环境的自我防御能力就会下降，外界的细菌、病毒或者各种有害刺激会轻易地侵入人体引发肺炎。吸烟也会引发肺气肿，肺部支气管内积聚有毒物质，肺部充血，久而久之，就会引发肺炎。青春期女孩呼吸道脆弱，还容易受到二手烟的伤害。

◎ 一氧化碳伤身体

我们都知道，吸烟会产生一氧化碳。一氧化碳进入人体后会和血液中的血红蛋白结合，产生碳氧血红蛋白，使血红蛋白不能与氧气结合，引起机体组织缺氧，甚至窒息死亡。

◎ 吸烟容易导致脊柱疾病

澳大利亚科廷大学的研究人员对近3000名志愿者进行了调查和随访，参试者多为20岁左右的年轻人和14～17岁的青少年。结果显示，经常吸烟的人，日后发生脊柱问题的风险增大，包括后背疼痛、炎症性疾病，甚至椎间盘退行性病变等。

研究领导者莱恩·斯强克博士表示，吸烟可以引起血管收缩，导致流入椎骨的血流量减少，使椎间盘的营养供应受到影响，进而发生疼痛、炎症以及退行性病变等病理变化，导致患脊柱疾病的风险增大。

◎ 不要偷偷去卫生间吸烟

在家里，父母不让吸烟；在学校里，禁烟规则更严厉。烟瘾上来了，怎么办？有的女孩选择去卫生间偷偷吸，殊不知，这种吸烟方法危害更大！

在厕所里吸烟，由于缺氧，烟丝不能完全燃烧，一氧化碳量就会增加。厕所里氨气很浓，吸烟时会把氨气大量吸入人体。氨是刺激性气体，人体受到氨的严重刺激，上呼吸道的防御能力就会大大降低，很容易患呼吸道慢性疾病。

◎ 吸烟为何成瘾

生活中，有人一段时间不吸烟就感到心烦意乱，等吸到烟后又陶醉其中，那么，吸烟为什么会上瘾呢？

因为香烟中所含的尼古丁是高度成瘾性物质，80%～95%的吸烟者会成瘾。

吸烟时，烟草烟雾中的尼古丁只需7.5秒就可以到达大脑，反射性引起呼吸兴奋、血压升高，使吸烟者有一种轻松愉悦的感觉。尼古丁使中枢神经系统先兴奋后抑制，因此吸烟者体验到的美好感觉转瞬即逝。

尼古丁在血浆中的半衰期很短，当尼古丁浓度低于机体所需水平时，人就会感到烦躁、不适、恶心、头痛，并渴望通过吸下一支烟来补充尼古丁。上述重复行为能使吸烟者减轻焦虑，从而刺激吸烟者继续吸烟，形成烟瘾。成瘾后，不适和焦虑感则来自尼古丁水平的下降，不吸烟会更加难受。反复吸烟，并非为了追求美好的感觉，而是为了减少尼古丁浓度下降带来的不适。

◎ 自觉远离烟草

妆容精致的女子，细长的指尖捏着一支烟，幽幽地吸一口，吐出来，有的女孩觉得这样很酷，于是也偷偷地模仿吸烟。

其实，这样一点儿都不酷，不仅影响自己的形象，而且会对健康造成严重的不良影响。所以，青春期女孩一定要远离烟草，做一个健康美丽的女孩。

◎ 心情不好时，别靠吸烟来宣泄

青春期女孩的情绪不稳定，身体发育、心理成长、学习任务、生活交往带来的种种压力很容易导致心理失衡，情绪出现大的波动。为了宣泄不良情绪，有的女孩会选择吸烟。次数多了，有了烟瘾，要想戒就困难了。

心情不好时，可以看看书、做做运动、听听歌、看看喜剧、逛逛街等，在这个过程中能体验到生活的美好，烦恼很快便烟消云散。

2 做个网络时代的自由人

◎ 网络与人们的生活密不可分

从台式电脑的笨重到现在液晶平板、智能手机的便捷，电子产品飞速更新，使网络与我们的生活变得密不可分。熟练使用网络已经成为一个人的基本技能，人们利用网络交流、购物、获取信息、看剧、玩游戏等，网络已经全方位地渗透到生活的方方面面。

◎ 青春期女孩网瘾害处多

网瘾是一种冲动性地过度使用网络，并因此导致明显的社会、心理功能损害的现象。这是一种因重复使用网络所导致的慢性的、周期性的、无法自拔的、无力控制的着迷状态。

青春期女孩处于学习关键期，如果痴迷于网络，就很难集中精力搞好学习，长此以往，女孩的身心都会受到不良影响。

◎ 预防电脑综合征

女孩一定知道，电脑运行起来会有辐射，它工作时产生的电磁辐射使空气发生电离作用，当我们周围的正离子通过呼吸进入肺，然后随血液循环被运送到人体的各个组织时，改变了细胞的电荷，导致自主神经功能失调，进而导致人体出现失眠、紧张、易怒，心悸加强、免疫力下降等不良状况。

电脑显示屏高亮度、有闪烁、带辐射，因此对视力、神经系统都会造成一定的影响。如果坐姿不正确、电脑桌椅高低不符，还会引起颈部、腰部的不适。使用电脑时，为了减少伤害，要养成良好的使用习惯。

1.保持电脑环境整洁

除了电磁辐射，电脑开机后显示器周围有个静电场，不断吸收周围灰尘使空气中含有灰尘颗粒。女孩不要为了使用方便而把电脑放在自己的房间，即便放在客厅里，玩电脑的时候，也要注意开窗通风。保持桌面干净，每天擦拭电脑桌、电脑等。

2.和显示器保持距离

显示器要与面部保持70厘米～80厘米距离，比双眼视线略低，把亮度调整到不使眼疲劳的程度。房间的亮度和屏幕的亮度大致相同是比较理想的。

3.坐姿要正确

最佳坐姿是：坐在电脑椅上，电脑桌下的膝盖处形成直角，大腿和后背呈直角，手臂在肘关节形成直角。肩胛骨靠在椅背上，双肩放下，下巴不要靠近脖子。

4.讲究开关机

开关机辐射大。开机的时候，离开电脑一会儿，电脑显示正常了，再坐在电脑前。关机后，应立刻离开。

◎ 长时间上网害处多

电脑荧光屏不断变幻和上下翻滚的各种字符会刺激眼睛，视觉系统长时间受到热的作用，会使眼睛内的抗坏血酸和谷胱甘肽减少，从而降低对晶体的保护作用。轻者晶状体受损，重者则可能会引起微波白内障。

有关研究者发现：青少年花过多的时间上网会增加他们患高血压的风险。

青少年要自我控制，在家使用网络的时间以每天不超过2小时，每周不超过5天为宜。

◎ 网络——校园暴力新场地

不要把网络当成伤害同学的武器，要知道，你今天伤害同学，明天也可能会被同学伤害，同学的痛苦将会让你付出失去友谊的代价。

可以想象，当欺凌行为从学校的操场等场所转战到网络，可以24小时进行的时候，被欺负的同学会有多么难过和痛苦，哪里还有心思学习啊！

◎ 提高网络信息的辨识力

互联网上不良信息泛滥，对于缺乏分辨和自控能力的青少年来说，是一极大公害。公安部相关工作人员透露，犯罪青少年中有近80%的人受到过来自网络信息的诱惑，进行诈骗、强奸、抢劫等犯罪行为。

女孩要明白，网络充斥着各种各样的内容，要上网，就要做好不被伤、不被骗的准备。不管多么好奇，都不要浏览那些充斥着色情、负面信息的网站，对自动涌入的信息要多加辨识，坦然接受父母的监督。

3
酒，你了解吗

◎ 喝酒会上瘾

大脑血管对酒精相当敏感，饮入一定量的酒后，大脑血管就开始出现收缩反应，产生功能障碍，出现飘飘然的感觉，沉湎其中，更想喝，久而久之，就会上瘾。

◎ 坚决不喝酒

女孩一定要知道，喝酒就有醉的可能，喝醉后神志不清，自我控制力差，容易冲动，防备他人的能力下降。这个时候，如果遇到心怀不轨的人，女孩就成了“待宰的羔羊”，很容易吃亏、受到伤害，因此，女孩坚决不能喝酒。

◎ 青春期开始喝酒，瘾更大

同样一杯酒，青春期开始喝，未来发生酗酒以及与酒有关的恶性事件会更多。海德堡大学心理健康研究中心米里亚姆·施耐德通过研究得出：首次饮酒发生在青春期早期的个体，与首次饮酒发生在青春期之后的个体相比，倾向于喝得更多、更频繁。

◎ 喝酒能促进睡眠吗

酒精可以抑制中枢神经系统，睡前饮酒有助于更好地入睡。但是，酒精会扰乱整个睡眠状态，使人出现经常早醒、睡眠质量较差、熟睡时间缩短等问题，深度睡眠时间少，身体并没有获得真正的休息，第二天醒来，反而更没精神。因此，这并不是理想的助眠方式。

生活中，女孩在睡前可以喝一杯热牛奶。牛奶中含有色氨酸，能在体内转化为血清素，抑制大脑皮质的兴奋，使人快速进入睡眠状态。

◎ 特殊风险：会破坏你的大脑

心理学家施耐德和史班纳格一致指出，饮酒行为对于青春期大脑发育的影响很大。“青春期是大脑奖赏系统发生重大变化的阶段，”史班纳格表示，“在青春期，大脑处在非常容易受奖励影响的阶段，尤其是药物奖赏，在饮酒的讨论中，就表现为在日后的生活中对酒精的追求。”

施耐德说：“青春期是十分关键的发育阶段，因为大脑神经发育就发生在这个时期。恰恰是在青春期，像酒精、大麻这些药物的滥用，可能对仍在发育中的大脑引起最具破坏性和持久性的影响，甚至有时发展成神经性精神紊乱，例如精神分裂症或成瘾等。”

4 试不起的神秘物：毒品

◎ 什么是毒品

毒品是指那些使用后，让人的情绪、行为、注意力、思维和意志力等发生改变的物质的总称，人一旦服用毒品，就会对其产生生理上、心理上的依赖。

常见的毒品包括鸦片、海洛因、可卡因、大麻、冰毒、新精神活性物质等。

毒品的发展大体分为三代，先是传统毒品（如鸦片、海洛因、吗啡等），然后是合成毒品（如冰毒、摇头丸、麻古等），接着是流行全球的新精神活性物质。

◎ 吸毒的方式

吸毒主要有三种方式，分别是静脉注射毒品、肌肉或皮下注射毒品、通过呼吸道吸食毒品。

静脉注射毒品最容易因吸毒过量而死亡，不洁注射是传播艾滋病病毒的主要途径。

肌肉或皮下注射毒品，注射部位的皮肤可能会出现脓肿、色素沉着、感染等症状。

通过呼吸道吸食毒品，会对呼吸系统造成恶性刺激，轻者易患气管炎，重者则会导致肺炎、肺气肿和肺癌。

◎ 毒品的危害

吸毒上瘾是我们对毒品的最初认识，正所谓“一朝吸毒、十年戒毒、终生想毒”，可见，毒品的危害真不是上瘾能够概括得了的。

1.吸毒对人的身体有巨大的毒性作用

吸毒量过大或者吸毒时间过长就会产生毒性，中毒时会有嗜睡、感觉迟钝、运动失调、产生幻觉等反应，还伴有机体的功能紊乱和组织的病理变化等。

2.吸毒会产生戒断反应

戒断反应是由长期吸毒造成的一种严重的具有潜在生命危险的身心损伤，指吸毒者突然终止用药或者减少用药剂量后，常常引起各种并发症，以致死亡，或者由于痛苦难耐而自杀身亡。为什么会有戒断反应呢？毒品作用于人体后，会使人体功能产生一系列适应性改变，从而形成在药物作用下的新的平衡状态。一旦停药，平衡状态被打破，人体生理功能就会发生紊乱，继而出现戒断反应，非常痛苦。吸毒者为了避免戒断反应，必须定时用药，并且要不断加大剂量。

3.引发精神障碍和变态行为

最突出的精神障碍是幻觉和思维障碍，吸毒者为了追求幻觉会不断地吸，难以自拔。为此铤而走险，甚至做出违法犯罪的行为。

4.冰毒等刺激性欲

冰毒等毒品和新精神活性物质同属于“兴奋致幻剂”，能刺激大脑分泌多巴胺，让人感到很兴奋并产生高度的性需求，同时降低吸毒者的自我拘束能力，也就增加了无保护性行为的风险，感染艾滋病的可能性增大。

◎ 海洛因

海洛因是一系列吗啡类毒品的总称，是以吗啡生物碱作为合成起点得到的半合成毒品。它是当今世界滥用最为广泛的毒品，在所有毒品中，涉及海洛因制造、走私、滥用的毒品犯罪案件高居首位。由于海洛因作用机制还不明确，迄今并无有效的戒除方法。

◎ 冰毒

冰毒，又名甲基安非他明、去氧麻黄碱，是一种无味或微有苦味的透明结晶体，纯品很像冰糖，形似冰。与传统毒品使用者主要通过共用针具造成的血液传播不同，滥用冰毒风险在于性传播。

冰毒的外观也很具有蒙蔽性，不全是白色透明的，也可能是其他颜色的晶体，青少年很容易被迷惑，稍有不慎，就可能沾染上毒品，所以一定要时刻提高警惕。

◎ 新精神活性物质

新精神活性物质是不法分子为逃避打击而对管制毒品进行化学结构修饰得到的毒品类似物，具有与管制毒品相似或更强的兴奋、致幻、麻醉等效果。

这些合成毒品进入人体后不仅会产生强烈的生理兴奋，还会大量消耗人的体力，降低免疫功能，严重损害心脏、大脑组织。

强烈的致幻作用会促使滥用者在现实中做出极其异常的行为，相当部分的自残、自杀以及暴力攻击等行为与之相关。

◎ 冰毒毒瘾更难戒除

冰毒进入体内24～48小时就会消化，冰毒成瘾主要在于精神依赖。在毒瘾发作过程中，会出现焦虑、烦躁、失眠和对冰毒强烈的需求等状况。普通的毒瘾症状可能只需要3天时间就会过去，可是具有冰毒毒瘾的人可能在“断瘾”很久之后，突然出现复吸的饥渴感。

◎ 和吸毒者保持距离

相关调查显示，有三分之二的吸毒者第一次接触毒品都是受朋友诱导，尤其是熟悉的朋友。在吸毒的未成年人中，又有三分之二的人一开始就知道这是违法的，但渴望群体认同的青少年禁不住朋友劝说，就吸上了。也有的青少年是出于好奇，一试就陷入泥沼。

既然青少年知道毒品具有极大的危害，就一定要与吸毒者保持距离，让自己健康、快乐地成长。

5
不欺凌，不被欺凌

◎ 什么是欺凌

欺凌指的是一个人或一群人故意折磨、嘲弄或取笑某个人。欺凌既可能是言语欺凌，也可能是身体欺凌，二者都会让被欺凌的人感到害怕和痛苦。欺凌也是一种恐吓，会迫使一个人离开自己完全有权停留的地方或喜欢的友谊型群体。

◎ 欺凌的种类

女孩只有了解欺凌这件事，才不会无意做出欺凌行为，也不会任意被人欺凌。

1.身体欺凌

拳打或者脚踢他人，伤害他人身体，窃取他人物品。

2.言语欺凌

辱骂或深深伤害他人的心，它在各种欺凌中出现率最高。

3.性欺凌

包括性抚摸、性暗示、强迫被欺凌对象做出或承受自己不理解或不喜欢的行为。

4.网络欺凌

利用电子邮件、短信和即时通信等方式骚扰他人，已经成为恃强凌弱者侵犯他人隐私空间的常用方式，因为不管他人在什么地方，欺凌者都可以一周7天、一天24小时地实施欺凌。

5.拒绝

不理睬对方，将对方排除在友谊型群体、俱乐部或活动之外，是恃强凌弱者群体不公平地对待他人和孤立他人的手段。

◎ 什么是网络欺凌

网络欺凌一般指的是利用现代网络通信工具针对个人或者群体进行的恶意骚扰、攻击与压迫，使被害者无法自我保护而造成身心伤害。

女孩要学会判断什么是网络欺凌，否则可能会无意中伤害了他人或者被人伤害。

1.有意性

有意为之，给被害者带来长久的身心伤害。

2.频繁发生

如果伤害行为频繁发生，更能确定为欺凌。

3.形式多样

网络欺凌的形式多样，如短信、电话、邮件骚扰，威胁、恐吓，网络病毒，不平等的网络骂战，发布带有恶搞性、侮辱性、攻击性的文字、图片和视频等。

4.权利上的不平等

当被害者遭到攻击要求管理员或者发帖者删除相应文字及视频时遭到拒绝，而被害者予以还击便会遭到再次围攻。

◎ 网络欺凌为何泛滥

打开网络，就进入一个虚拟的世界。在这里，大家互不相识，网络的匿名性很容易使网民产生进入自由世界的错觉，从而产生非理性、暴力倾向。虽然网络欺凌事件频发，但得到惩罚的人却屈指可数。

家长监督缺失，不知道孩子在网上伤害了别人或者被伤害。学习压力特别大，与父母沟通不畅的孩子，更偏爱于利用网络宣泄不良情绪，实现心理平衡。

与其他群体相比，青少年群体的网络舆论表达意愿更强烈，很容易不明就里、过度地伸张正义、把握不住行为的尺度，酿造网络暴力。

◎ 被欺凌怎么办

被欺凌时，千万不要一个人默默忍受，这样就助长了恃强凌弱者的气焰，使得他们更加忘乎所以，只有反抗才能改变处境，才能从被动应对转向主动预防。

遇到欺凌时，应尽全力跑掉，然后向成人寻求帮助，可以跟老师或父母说。如果跑不掉，也不要屈服，哭泣或者硬拼都容易吃亏，若能冷静面对，更能震慑对方。

◎ 欺凌代价大

校园暴力给青少年带来的伤害，远不止身体的伤痛，更容易造成心灵的扭曲。

女孩被欺凌后，如果得不到及时的心理援助，无法消除恐惧，就会给校园生活蒙上一层阴影，无法安心学习，有的甚至辍学、自杀；有的女孩会想到以牙还牙，使局面变得更加复杂。

◎ 早防范，不欺凌

如何既不欺凌他人，又能在面对欺凌行为时做好自我保护，可以参考以下几点注意事项。

1.参加自卫训练

女孩参加自卫训练，如学跆拳道、武术等，这样既能提升自尊心，也能获得自我保护的能力和勇气。

2.提升隐私意识

保护好网络空间里的个人隐私，不要将个人照片发布于公共空间，以免网络欺凌者利用网络技术恶意伤害。

3.不要将现实生活与影视内容相混淆

青春期的孩子正是表现欲和模仿能力最强的时期，一旦受到一些影视剧暴力镜头的影响，就可能效仿。女孩要懂得，影视剧不等于现实，现实中这样的夸张行为会对他人造成伤害。

6
疼痛的艺术：文身

◎ 文身

文身就是用有墨的针刺入皮肤，在皮肤上制造一些图案或文字，在身体上刺绣各种花纹。有人说，文身是美丽、神秘、性感和魅力的象征，也能尽情地展现自己的独特个性。

◎ 有的女孩热衷于文身的理由

女孩文身的理由是什么呢?

有个女孩喜欢兰花，就在脚踝处文了朵兰花。有个女孩想在脖子下面文身，是为了掩盖疤痕，不想穿衣服太难看。有个女孩见身边的朋友都学着崇拜的明星文了身，很时尚，于是也在身上文了个图案……

不管出于什么目的，女孩都或多或少地把文身当成了成人标志，认为文身是一种流行元素，是内心世界艺术形式的表达。但是青春期的女孩生理和心理都没发育完善，长大了有可能因人生观或价值观的改变而觉得这样的文身并不美观，并为自己当初的盲目行为感到后悔。

◎ 文身贴纸伤皮肤

有的女孩喜欢用文身贴纸，这样容易去掉，就不会留下永久性的印记。但有些文身贴纸中所用染料含有毒性，如朱砂、镉等，当女孩把文身贴纸贴到前胸、胳膊、小腿和腹部等部位时，易受阳光刺激，图案上的颜料在阳光作用下易发生种种化学变化，引起皮肤红斑、瘙痒、烧灼感及刺痛，严重者可出现水疱、水肿、色素沉着等。所以，女孩千万不要使用文身贴纸。

◎ 文身的安全性不确定

文身所用颜料中大多含有溶剂、铅、汞等金属及部分杂质，注射入人体，会对人体造成不良影响；而且文身是有创操作，涉及皮肤的穿刺甚至出血，再加上文身操作环境的卫生条件等因素，就有感染、文身去除困难、过敏反应、肉芽肿等风险。所以，青少年要谨慎行事。

7
自残

◎ 为什么有人要自残

当一个人对自己期望过高的时候，往往会比其他人感受到更多的挫折，一点儿小事不如意，就会焦虑、紧张、不安、痛苦，而且化解不了。为了获得解脱的快感，转移内心的压力，往往会选择自残。

增强自信心是彻底摆脱自残的方法。女孩要学会客观、全面地分析和看待问题，能力不足可以提高，努力不够可以加把劲儿，没什么大不了的。在这样积极、正面的心理暗示下，可以避免产生自残心理和自残倾向。

◎ 敞开心扉，化解苦闷

倾诉会让人摆脱自残想法，学会与人沟通，把心中的困惑向他人诉说，因为多一个人倾听，就多一点儿理解，少一点儿压力。

哈佛大学神经科学家简森·米歇尔和戴安娜·塔米尔发现，自由表达和传递信息对一个人本身就是一种内在的奖励。因此，在心情烦闷时，尽情向朋友倾诉是一种理想的宣泄方式。

◎ 青春期哪个年龄段最易想不开

有研究显示，刚进入初中阶段的学生出现严重心理问题的比例最高。因为这个年龄段的孩子刚刚进入青春期，身心发育不平衡，如何平衡身心的矛盾、控制并合理释放身体能量是个挑战。如果处理不好，就会感到焦虑、痛苦，甚至想不开。

这样的问题能解决吗？当然能！女孩要积极学习青春期生理发育知识，乐观地面对成长，除了努力完成学校课程外，还要发展个人兴趣，积极参与学校和社会活动，掌握融入社会的方法，生活充实而快乐，自我价值感强，就能保持愉快的心情。

◎ 有暴力倾向的孩子多有心理问题

有研究显示，攻击和暴力倾向儿童的心理问题发生率更高。有暴力倾向的女孩可能在打骂中长大，父母相处方式粗暴，感情淡漠，孩子体验不到温暖和关爱，可能会形成攻击型人格，内心混乱、恐惧、无助和冲动，不会与人友好相处。

如果是这样，女孩要积极地向心理工作者寻求帮助，改变错误的认知、行为方式，友善待人，让自己成为一个快乐的人。

◎ 因学习压力大而轻生极不明智

《中国教育发展报告》显示，青少年轻生案例中，75%系学习压力大所致。学习压力是中小学生自杀的首要因素，太大的学习压力导致心理崩溃。有研究显示，随着学生补习时间增加，他们的心理问题发生率不断提升。

不管外界以什么样的方法督促女孩获取好成绩，女孩都要懂得努力学习可以开阔眼界、增长知识、提升个人能力，而获取好成绩绝不是成长的唯一目标。要知道，成长比成绩更重要。学霸有学霸的未来，“学渣”发挥特长同样前途光明。

◎ 如何识别女孩的自杀倾向

自残的极端状况就是自杀。青春期女孩的自杀行为一般不是突然发生的，有一个长期酝酿的过程。先有自杀的企图和想法，当这种想法一再出现而又没有被劝阻、获得理解和帮助时，自杀的企图就真的变成了自杀的行为。

那么，有自杀企图的人会有哪些表现呢?

1.言语表露

无意中会说出类似的话。“如果我死了，你就会难过的。”“如果我死了，你怎么办?”等。

2.抑郁情绪

心情不好，情绪低落，不断遇到挫折。

3.极度疲倦

夸大疲倦的感受，以引起人们的同情与关怀。

4.心神不安

心神不安，吃不下饭，睡不好觉，甚至想到用什么方法结束自己的生命。

5.创伤

有过心灵创伤，再次经历创伤后，会想到以往的不幸经历，内心承受不住，就会想到自杀。

6.送人心爱的东西

把自己最心爱的东西送给别人，再说一些诀别的话，就是一个很重要的反常信号。

7.离群索居

一个人总是独处，不向任何人倾诉内心的苦楚，遇到压力得不到缓解，可能会想不开。

青春帖

心理健康的10项标准

美国心理学家马斯洛和米特尔曼提出的心理健康10项标准被公认为最经典的标准：

（1）充分的安全感；

（2）充分了解自己，并对自己的能力做适当的评价；

（3）生活的目标切合实际；

（4）与现实的环境保持接触；

（5）能保持人格的完整与和谐；

（6）具有从经验中学习的能力；

（7）能保持良好的人际关系；

（8）适度的情绪表达与控制；

（9）在不违背社会规范的条件下，对个人的基本需要做到恰当的满足；

（10）在不违背社会规范的条件下，能做有限的个性发挥。
